Basket 2023
Le Livre d'Or

Solar, un département d'Édi8
Retrouvez-nous sur www.lisez.com

Directeur : Didier Férat
Direction éditoriale : Jean-Philippe Bouchard
Éditeur : Corentin Bréhard
Mise en page : Camille A. Chauvin, sur une maquette de Yoan De Roeck, d'après une charte de On/Off
Fabrication : Emmanuelle Laine
Imprimé en France par Pollina - 47875

ISBN : 978-2-263-18379-9
Code éditeur : L18379
Dépôt légal : novembre 2023

Basket 2023
Le Livre d'Or

Yann Ohnona
Yann Casseville

SOLAR

« Toutes les planètes sont alignées. Charge à tout le monde de ne pas rater le train comme ça avait pu être le cas dans les années 1990. »

« Wembanyama n°1, ça dépasse tout »

À 67 ans, George Eddy reste un observateur de premier plan du basket.

George Eddy, voix historique du basket à la télévision française, compare l'année 2023 à l'âge d'or de l'époque Michael Jordan, et exhorte tous les acteurs du jeu, autour de la lumière générée par le phénomène Wembanyama, à saisir la balle au bond.

« 2023 a compté de nombreux événements majeurs : Wemby a été le premier Français choisi n°1 de la draft NBA. Il est même considéré comme le plus grand prospect de l'histoire, devant Kareem Abdul-Jabbar, LeBron James ou même Michael Jordan. Ce qui est arrivé à Victor dépasse tout. Le seul qui s'en approche est Jabbar avec ses trois titres NCAA (1967, 1968 et 1969), deux ligues pros (ABA et NBA) se battant pour l'avoir, qui deviendra six fois MVP et gagnera six bagues de champion, avec en plus ce profil d'intérieur filiforme très technique. Victor ressemble aussi à Arvydas Sabonis avant ses blessures, un pivot de grande taille, complet et technique qui shootait à 3 points à une époque où cela ne se voyait pas.

« Un âge d'or comparable à 1993 »

La NBA, où Denver a fait un superbe champion avec un basket, des leaders – Nikola Jokic et Jamal Murray – et des valeurs à la saveur européenne qui ne sont pas sans rappeler les San Antonio Spurs, attend Wemby de pied ferme.

L'impact de Victor ne s'est d'ailleurs pas arrêté là puisqu'il a rayonné individuellement et collectivement en emmenant ses Mets en finale d'un championnat qui n'avait jamais tant pris la lumière. Une ligue d'où a émergé une nouvelle superpuissance, Monaco, troisième de l'Euroligue vingt-six ans après le dernier Final Four d'un club français, et champion incontestable. Malgré ses avantages fiscaux, ce que réalise Monaco, avec sa superstar hors catégorie Mike James, son effectif et son ambition sans limites, représente, au même titre que le projet de l'Asvel, qui continue de grandir malgré une saison difficile, ainsi que le buzz mondial généré par Wemby dans tous les médias, une opportunité fantastique et presque inédite pour le basket français.

Si on ajoute l'intronisation de Tony Parker au Hall of Fame, autre première pour un Français, on a l'impression de vivre un âge d'or comparable à 1993, quand Limoges avait été champion d'Europe, concomitamment à l'explosion de la NBA à l'international autour de Michael Jordan après les JO de Barcelone, qui avait généré le phénomène des playgrounds en France.

Toutes les planètes sont alignées, y compris un diffuseur, Skweek, prêt à investir, et une nouvelle fenêtre en clair à la TV sur la chaîne *L'Équipe*.

À l'image de la carrière de TP aux Spurs et des nombreuses médailles des Bleus depuis vingt ans, le basket français a atteint un niveau jamais imaginé auparavant. Il faut désormais qu'il prenne la place qu'il mérite. Charge à tout le monde de ne pas rater le train, comme ça avait pu être le cas dans les années 1990. Alors, même si les Bleus ont manqué leur Coupe du monde, le contexte général et la perspective des JO doivent permettre de regarder toujours plus loin, toujours plus haut. »

Miraculé !

Victime d'un arrêt cardiaque alors qu'il jouait sur son playground de toujours, à Chatou, le 4 juillet 2023, George Eddy n'a dû son rétablissement qu'à la réactivité d'un basketteur présent ce jour-là à ses côtés. Maxime Lang a prodigué un massage cardiaque de 13 minutes sur le journaliste de Canal Plus, jusqu'à l'arrivée des secours.

« Dans 98% des cas, tu y laisses la vie ou finis avec des séquelles. Je fais partie des 2% », témoigne George Eddy, qui va désormais mener des actions pour élargir l'enseignement des gestes de premiers secours dans les écoles et clubs sportifs. « Mourir sur un terrain de basket, sans douleur, comme ça, aurait été une belle mort pour moi. Mais je suis heureux d'avoir été ranimé. Cela m'a rapproché de ma femme et ma fille, dont j'ai vu le traumatisme. Ça change ta perspective sur la vie, le basket. Après ça, tu prends tout avec philosophie. Je suis un miraculé ! »

oneteam

Sommaire

L'année Wembanyama

10 Nouvelle ère
15 French Connection à San Antonio
16 Les douze travaux de Wemby
21 **Témoignage** Lahaou Konaté
22 Médias : le big bang
24 Une saison 2022-2023 historique
26 **Portrait** Bilal Coulibaly
28 Rupert at the buzzer
29 Agence tous risques
30 **Interview** Fabrice Jouhaud
32 Basket français, le moment ou jamais
33 Skweek tisse sa toile

Hall of Fame, Tony Parker dans la légende

36 « Je me sens béni »
38 Un pionnier en chiffres

Équipe de France, douche froide à Djakarta

42 No Thrilla in Manila
46 Rendez-vous à Paris
48 Et à la fin, c'est l'Allemagne qui gagne
50 À l'arrière, toute !
51 Le monde ne leur appartient plus
52 **Disparition** Ludovic Vaty
54 Bronze amer
56 Johannès à quai
57 Rachid Meziane : « Une génération exceptionnelle ! »
58 L'été de tous les records

NBA, Denver champion

62 Les nouveaux Spurs ?
66 **Portraits** Nikola Jokic, Jamal Murray
69 Le parcours des combattants
70 **Le record** LeBron James
72 Bleus pâles
75 Le bide Embiid
76 La danse des divas
78 Les Warriors, retour vers le futur

Euroligue, le hold-up du Real

82 Le Final Four retrouvé
86 **Portrait** Sasa Obradovic
87 **Dans le rétro** Les clubs français au Final Four
88 Maccabi, l'acte fondateur
90 **Portrait** Mike James
92 Les braqueurs
95 Llull, un tir de légende
96 **Portraits** Sasha Vezenkov, Mathias Lessort
98 Les bannis

Championnat de France, la voie princière

102 Le rouleau-compresseur du Rocher
106 Loyd, le roc monégasque
108 À pas de géant
109 La signature de l'année
110 **Portrait** Yakuba Ouattara
112 La folle aventure
115 **Top / Flop**
116 Asvel, le coup de la panne

118 Appétit de Lyon
120 **Portraits** Julie Allemand, Lou Lopez Senechal, Céline Dumerc

124 Le retour du phénix
125 L'Élan retrouvé

Les résultats

126

22 juin 2023 – Victor Wembanyama rejoint Adam Silver,
patron de la NBA, sur l'estrade de la draft. Une poignée de main pour l'histoire.

WEMBANYAMA
1
TISSOT

Nouvelle ère

Premier tricolore de l'histoire désigné numéro 1 de la draft NBA, Victor Wembanyama a suscité une excitation sans précédent, de la France à San Antonio, où il évolue désormais.

24 juin 2023,
Victor Wembanyama revêt la tenue des Spurs pour la première fois (à gauche).

Il fallait bien une cape de super-héros et une pierre aux pouvoirs surnaturels pour naviguer entre les gratte-ciel de Times Square affichant sa silhouette sur des écrans géants. Après une année comme un ouragan, un show en mondovision qui a captivé la planète entière pendant neuf mois, du big bang de Las Vegas en octobre 2022 au grand soir de Brooklyn, Victor Wembanyama s'est équipé en conséquence pour le premier jour du reste de sa vie, le 22 juin.

Le costume choisi pour le jour J – jour W, plutôt –, celui de la draft NBA 2023, s'allongeait ainsi avec élégance tel un kimono. La teinte, un vert profond uni et sobre tranchant avec le bling de nombre de ses congénères, évoquait tant son enfance et son club formateur de Nanterre, que le surnom « alien » conféré par LeBron James. « Ma couleur favorite, explique le natif du Chesnay, qui ce jour-là va devenir le premier Français de l'histoire numéro 1 de la draft. Ça fait un peu exoplanète, extra-terrestre, espace. Cela me représente bien. » Tout comme la surprise que le joueur avait annoncée, un pendentif en forme de losange renfermant un roc aux reflets multicolores. « Un bismuth, éclaire le jeune homme, intéressé par la lithothérapie, l'énergie des cristaux et autres pierres semi-précieuses. C'est radioactif, mais tant que je ne la touche pas, ça va *(rires)*. Cette chaîne m'est apparue en rêve. J'en ai parlé à mon agent et on a contacté des joailliers pour la confectionner. »

Les stats

3 000%

L'explosion du business lié au merchandising des San Antonio Spurs depuis le 16 mai, date à laquelle, lors de la loterie de la draft, la franchise texane a su qu'elle bénéficierait du premier choix, et donc qu'elle pourrait sélectionner Victor Wembanyama.

6,1

En millions de téléspectateurs, le pic d'audience observé lors la draft par ESPN, le diffuseur, au moment où Victor Wembanyama a été officiellement désigné numéro 1 de la promotion 2023. Ce qui en fait la draft la plus suivie de tous les temps.

En famille, juste avant la draft.

Avec son père Félix (ci-contre), sous les billboards de Times Square.

Après le tapis rouge façon festival de Cannes, Victor Wembanyama gagne la scène du Barclays Center de Brooklyn. Tous les invités de la Green Room – espace où sont conviés les favoris de la draft – s'alignent pour une photo sur l'estrade où Adam Silver appellera leur nom. Le patron de la NBA a pris place plein centre. Derrière lui, le prodige français, dont la tête et le sourire surplombent la promotion 2023.

La phrase canonique d'Adam Silver

L'heure est arrivée. Le point d'orgue de quatre jours de folie furieuse depuis son débarquement à New York, marqué par un comité d'accueil de fans à l'aéroport de Newark et une multitude de moments forts. Rencontre avec les huiles de la ligue, lancer du premier pitch lors d'un match des New York Yankees (une tradition à laquelle sacrifient souvent les présidents américains), descente dans le métro de Big Apple, visites de Times Square ou du mythique terrain de streetball Rucker Park, interviews par dizaines… Wembanyama a aussi vu un collectionneur d'autographes forcené frapper à la porte de sa chambre d'hôtel en pleine nuit. « Du jamais-vu, comme une rock star », glisse son agent Jérémy Medjana. Le compteur protocolaire se déclenche sur les écrans du Barclays Center. Wembanyama est calé dans sa chaise, au bout de la table réunissant ses proches : Félix Wembanyama, son père, Élodie de Fautereau, sa mère, Oscar et Ève, ses frère et sœur, Bouna Ndiaye et Jérémy Medjana, ses agents, Issa Mboh, son responsable presse, ainsi que Clémence, sa marraine. Il n'y tient plus. Avant d'annoncer son choix à la draft, chaque équipe dispose d'un délai réglementaire obligatoire de cinq minutes. Trois cents secondes comme un vertige, une éternité. « Les cinq minutes les plus longues de ma vie, contera l'intéressé. C'est là que j'ai commencé à avoir des papillons dans le ventre, en voyant ma famille silencieuse, tout le monde regardant sa montre. » Il fulmine, se retourne pour examiner la salle, d'où tombent, de manière ininterrompue depuis deux heures, des « Wemby ! Wemby ! » Puis, la libération. Le retour sur scène d'Adam Silver. La phrase canonique : « Avec le premier choix de la draft 2023, les San Antonio Spurs ont choisi… Victor Wembanyama. » L'élu enlace chacun de ses convives. Puis, l'« alien » coiffe sa casquette à l'éperon et, sans trébucher, comme en apesanteur, effectue ses premiers pas sur la Lune.

Le début d'une nouvelle ère. Pour le basket français, mais aussi la NBA, et les San Antonio Spurs, dont la tradition française – Tony Parker, Boris Diaw champions 2014 – se trouve perpétuée, ainsi que celle qui a vu la franchise texane aux cinq titres (1999, 2003, 2005, 2007, 2014) choisir, à chaque fois qu'elle a bénéficié du premier choix de la draft, des intérieurs promis à la légende – David Robinson en 1987, Tim Duncan en 1997, Wemby en 2023.

HUB
TRUCK
Safety First
HUB
Safety First

Les fans texans n'ont pas attendu pour préparer l'arrivée de leur nouvelle icône. Depuis la loterie du 16 mai, qui a tiré au sort les Spurs, la ville est transfigurée. Le merchandising de l'équipe, qui n'a plus vu les play-offs depuis 2019, a connu une augmentation de 3000 %. Les business locaux ont sauté sur l'occasion. Entre les hymnes composés par les mariachis et les fresques murales qui essaiment en ville, on peut désormais consommer des Wemby burgers au foie gras (beurk) ou acheter des bougies et cierges à son image (en rupture de stock).

Tour Eiffel en Lego

À l'arrivée de l'avion transportant Wemby, quelques centaines de fans patientent depuis des heures sous le cagnard. Pick-up aux couleurs des Spurs, pancartes – « Les aliens existent bien » ou « Ma fille est célibataire, épouse-la » – et un breakfast taco (galette de maïs fourrée aux œufs brouillés engloutie dès le petit déjeuner à San Antonio) attendent la délégation.

Une tour Eiffel en Lego (le joueur est adepte des briques de construction) accueille le joueur avec son compatriote également drafté par les Spurs, Sidy Cissoko, dans l'AT&T Center. Un dîner est organisé avec les légendes du club – Robinson, Duncan, Manu Ginobili, le coach Gregg Popovich… « Les dernières vingt-quatre heures ont été riches en émotions et fatigantes. Je ne m'attendais pas à autant dès mon arrivée, s'émeut Wembanyama. Je me sens déjà à la maison. J'ai appris plus en deux heures sur la NBA que dans le reste de ma vie. C'est rassurant de voir qu'ils habitent encore la ville, gardent une relation forte avec le club. Avoir à disposition des légendes, qui veilleront sur moi et ne me laisseront pas faire deux fois les mêmes erreurs, par rapport à un rookie qui atterrit ailleurs, est un privilège considérable. »

« Ce fut un long processus pour en arriver là, évoque de son côté Brian Wright, manager général de l'équipe. Nous avons été bénis par les dieux du basket. Nous voulons reconstruire pour gagner, durablement. Nous sommes là pour célébrer le futur. » Qui porte comme initiale le W.

Filiation

Robinson, Duncan et Wemby

Avant Victor Wembanyama, les Spurs ont bénéficié deux fois du premier choix à la draft. En 1987 (David Robinson) et en 1997 (Tim Duncan), ils avaient déjà sélectionné un joueur évoluant à l'intérieur. Deux grands qui se sont révélés des légendes, distinguées dans le classement des 76 joueurs les plus marquants de l'histoire publié par la NBA fin 2021.

Dans le métro new-yorkais.

French Connection à San Antonio

Wembanyama n'est pas le seul Français à avoir posé ses valises dans le Texas cet été.

Sidy Cissoko, l'autre Frenchy drafté par les Spurs.

Sur la scène spécialement installée sur le Riverwalk de San Antonio, Sidy Cissoko a fait son petit effet. Lors d'un événement « Meet The Rookies » organisé, mariachis à l'appui, pour l'arrivée de Victor Wembanyama, un autre Français s'est fait remarquer en parlant... espagnol à une assistance stupéfaite. Très hispanophone, la fanbase des Spurs est instantanément tombée amoureuse du Frenchy originaire de Saint-Maurice (Val-de-Marne), passé par le centre de formation de Vitoria, dans le Pays basque.
Sélectionné à la 44e place de la draft, juste derrière Rayan Rupert, Cissoko, qui évoluait la saison dernière dans le G League Ignite, ne pouvait rêver mieux comme point de chute. Avec Wemby, il retrouve une vieille connaissance. Les deux gamins croisaient le fer, déjà à Bourbourg au Mondial U11 à 10 ans, puis dans la plupart des catégories jeunes. « Je n'aurais jamais pu rêver de ça quand on s'affrontait, lui avec les Hauts-de-Seine, moi avec les équipes du 91 », souffle Cissoko, qui peut évoluer des postes un à trois (1,98 m, 19 ans), stopper du un au quatre, et dont les qualités défensives ont convaincu les Spurs de lui signer un contrat garanti. « On n'a pas encore parlé de tout ça avec Victor, on est toujours sur notre nuage. Mais être ensemble ici, c'est un plus. »
Dans une ville qui a vu passer Tony Parker, Boris Diaw, Ian Mahinmi, Nando De Colo, une nouvelle French Connection est en train de se constituer, encore enrichie par Pierre Parker, frère de Tony, assistant coach des Austin Toros, l'équipe de ligue de développement affiliée à la franchise texane. Une bande à laquelle il faut ajouter Guillaume Alquier, préparateur physique personnel de Wembanyama, qui a décroché un job au sein des Spurs, tandis que l'agent du joueur Bouna Ndiaye a décidé de déménager ses bureaux américains près du Fort Alamo pour être au plus proche de sa pépite au quotidien.

ALLSTAR
1
GORILLAS

Les douze travaux de Wemby

La saison herculéenne de Victor Wembanyama décortiquée en douze dates.

Wemby lors du All-Star game, le 29 décembre 2022.

15 septembre 2022
68 points en 24 heures

Alors que les observateurs s'interrogent encore sur le choix de Victor Wembanyama d'avoir quitté l'Asvel et l'Euroligue pour un club sans Coupe d'Europe, et doutent de sa capacité à s'élever après une saison mitigée (16 matchs en championnat, 9,4 points, 5,1 rebonds en 18 min), la réponse est cinglante. En présaison, son nouveau maillot des Mets sur le dos, Wemby est transfiguré. Les Bleus encore à l'Euro, le natif du Chesnay explose les compteurs lors du tournoi Pro Stars d'Angers en claquant 34 points à Darussafaka (+ 10 rebonds, 11 fautes provoquées et la victoire 89-79). Un match de préparation, mais des cimes jamais atteintes en pro par le prodige. Un accident ? La réponse intervient dès le lendemain. Les Mets concassent l'Hapoël Holon (106-88) et l'intérieur signe à nouveau 34 unités, ainsi que 5 blocks. Comme un acte de naissance.

3-6 octobre 2022
Jackpot à Vegas

Le temps de quelques jours, « Vice City » devient le centre du monde de la planète basket pour un événement inédit qui contraint le championnat de France au report de plusieurs matchs et fait même de l'ombre aux NBA Abu Dhabi Games : des matchs amicaux entre le G League Ignite et les Mets. Tout ça pour voir Wembanyama à l'œuvre grandeur nature face aux jeunes pousses US. Les 200 membres de franchises NBA présents dans la salle ne seront pas déçus. L'ex-Nanterrien passe 73 points en deux matchs (37 puis 36) et réalise quelques-unes de ses actions signature comme le shoot à 3 points sur un pied. « C'est mon essence d'innover », dit l'intéressé, dont l'aisance et l'anglais en conférence de presse stupéfient l'assistance, alors que le prodige tacle gentiment son supposé rival pour la première place de la future draft : « Scoot Henderson ? Il mériterait d'être numéro 1, oui... si je n'étais pas né ! *(rire)*. » La machine est lancée. La NBA achète les droits des matchs des Mets et diffusera désormais chaque rencontre de Wemby.

Le tir à 3 points sur un pied, sa nouvelle spécialité.

4 novembre 2022

En mode CSP++ face à Limoges

Les Mets et leur effectif jeune et renouvelé poursuivent leur début de saison en trombe en étrillant Limoges (78-69, 42-24 à la pause), pour un sixième succès de suite, qui va se révéler le grand œuvre de Wembanyama. Ce soir-là, il établit son record de points (33) et d'évaluation (41) en championnat, tout en gratifiant l'assistance enamourée de paniers de grande classe. Celui qui restera : un festival de dribbles entre les jambes conclu par un tir à 3 points sur un pied qui, quelques heures après sa diffusion par la NBA sur les réseaux, cumule déjà plusieurs millions de vues. Wemby ajoute à sa feuille de stats boulimique 12 rebonds, 4 passes, 9 fautes provoquées et 3 contres.

11 novembre 2022

Bleu de chauffe

Au sein d'une équipe de France pleine de nouvelles têtes, Wembanyama effectue, en Lituanie à Panevezys, les débuts les plus attendus d'un Bleu depuis Tony Parker. « J'ai cette fibre pour le maillot national depuis les équipes jeunes, glisse celui qui fut argenté au Mondial U19 en 2021. Se battre pour ton pays, cela te donne une énergie intérieure. » Pour sa première, il compile des chiffres impressionnants : 20 points et 9 rebonds en 23 minutes, sans jouer le dernier quart. Placé au centre de la raquette en défense dans un rôle « flottant », il pose des problèmes insolubles à l'attaque balte. « Je les voyais hésiter, faire demi-tour. Cela me fait rire. Mais je ferais la même chose à leur place ! » lâche-t-il dans un éclat de rire.

29 décembre 2022

MVP du All-Star Game

Sa sélection en 2021 au All-Star Game (il n'y avait finalement pas pris part, blessé), malgré un début de saison quelconque et perturbé par les pépins, avait créé un début de polémique. En 2022, plus de doute mal placé. Wembanyama fait sa première apparition en mondovision, devant 15 000 spectateurs qui réagissent à chacun de ses faits et gestes. Il régale le public de Bercy de ses dunks et dribbles spectaculaires (27 points, 12 rebonds) et offre la victoire à la sélection France face aux étrangers (136-128). Il attire désormais tant la lumière qu'il repart avec la distinction de MVP après un vote dont les modalités sont restées un mystère. En effet, son coéquipier Juhann Begarin méritait le trophée (25 rebonds, 12 rebonds, 7 passes). Ce que Wemby reconnaîtra de lui-même, gêné par ce choix. « C'était un super moment. Mais j'espère que mes titres à venir éclipseront cette performance. »

9 janvier 2023

Il crucifie l'Asvel (84-83)

Son poing levé plein de rage après sa claquette décisive pour les Mets face à l'Asvel (84-83) laisse peu de place au doute. Ce n'était pas un soir comme les autres pour Victor Wembanyama. L'intérieur vient de terrasser le club qu'il avait quitté en juin 2022 dans un climat tendu, le

Wemby claque un panier décisif contre l'Asvel, son ancienne équipe.

triple tenant du titre n'ayant pas su exploiter au mieux le diamant brut. En galère toute la soirée (15 points, 4/12 aux tirs) face au plan de jeu réussi de TJ Parker, qui a limité son rendement en lui envoyant ses meilleurs cerbères pour le bousculer physiquement, Wembanyama s'éveille dans les derniers instants, signant plusieurs actions décisives, avant de mettre son ancien employeur K.O. à trois secondes du buzzer d'un rebond offensif suivi d'un dunk à deux mains, tête au-dessus du cercle. De quoi faire entrer l'habituellement si placide palais des sports Marcel-Cerdan dans une transe collective.

2 avril 2023
Une claquette pour l'histoire

C'est un soir où la saison des Mets aurait pu basculer du mauvais côté. Crise et bagarre dans le vestiaire entre Tremont Waters, qui quittera bientôt le club, et Steeve Ho You Fat, défaite fleuve contre Monaco (68-87)... Et pourtant, c'est un soir qui restera à jamais pour le geste inédit réalisé par Victor Wembanyama (8 points, son total le plus faible de la saison, 14 rebonds). Après un step back à 3 points manqué propulsé au-dessus de Matthew Strazel, l'intérieur fuse dans la raquette et s'envole pour récupérer dans les airs sa propre tentative avant de la scotcher avec puissance dans l'arceau. « Je n'avais vraiment jamais vu ça », réagit son entraîneur Vincent Collet, subjugué, comme le reste du monde après ce geste qui fait immédiatement un buzz planétaire.

9 mai 2023
À Nanterre, il coupe le cordon

Depuis qu'il avait quitté son club de cœur pour l'Asvel, il n'avait pas rejoué sur le parquet de Maurice-Thorez, où il s'était éveillé au basket de 10 à 17 ans. C'est donc une première et une dernière pour Victor Wembanyama, à quelques semaines du grand départ pour la NBA. Une soirée où il est submergé par l'émotion, finissant dans le public à communier, les yeux inondés de larmes, avec les fidèles supporters du club du 92, puis tous les entraîneurs qui ont contribué à sa formation – Pascal et Frédéric Donnadieu, Michaël Alard, Philippe Da Silva... Ce soir-là, à une semaine de la loterie de la draft, « Wemby » coupe le cordon, infligeant à son club formateur une défaite sans discussion (82-72) en posant sa main sur la rencontre (25 points, 17 rebonds, 4 contres).

16 mai 2023
Mbappé, Swoosh et loterie

L'atmosphère est électrique au palais des sports Marcel-Cerdan, plein comme un œuf pour la dernière journée de saison régulière de championnat. C'est que Victor Wembanyama ne joue pas qu'un match ce soir-là (victoire 93-85 contre Paris, 22 points, 9 rebonds). Courtside en tribune VIP, l'acteur Omar Sy et le footballeur Kylian Mbappé scrutent le phénomène. Le champion du monde retrouve le joueur en fin de soirée dans les locaux de Nike, son équipementier, où une cérémonie est organisée pour suivre la loterie de la draft, dont le numéro 1 choisira à coup sûr Wembanyama. « Pas besoin d'être athlète de haut niveau pour comprendre que ce gars est spécial, évoque la star du PSG sur beIN Sports. On peut juste l'accompagner, le supporter et l'admirer. Il ne choisit pas, mais c'est vrai qu'avec Gregg Popovich et les Spurs, ce serait pas mal. » Comme une prémonition. San Antonio décroche le premier choix. « L'univers me l'avait dit », sourit Wemby après le tirage, au milieu de la nuit.

4 juin 2023
Season Finale

Qui aurait parié sur ces jeunes Mets à l'effectif jeune, inexpérimenté, sans vécu collectif, pour atteindre la finale de Betclic Élite ? La troupe emmenée par Vincent Collet, même après la blessure d'Ibrahima Fall Faye, le départ polémique de Tremont Waters, a réussi l'impossible, voyant notamment l'émergence divine de Bilal Coulibaly. « On a fait quelque chose que personne n'avait fait avant », souligne Victor Wembanyama, qui a poursuivi son œuvre de destruction massive en play-offs. Boulogne a d'abord écarté Cholet (2-1) avant, surtout, de faire tomber le triple tenant villeurbannais (3-1), Wemby résistant avec brio au traitement de faveur ultra-physique imposé par Charles Kahudi, en étant décisif dans les derniers instants du match 4 (71-69, deux paniers et deux contres dans le money time). Seul Monaco s'oppose désormais à son rêve de titre.

15 juin 2023

Jeu, set et match à Roland-Garros

Comme pour ralentir le temps, Wembanyama prolonge les accolades sur le court Philippe-Chatrier de Roland-Garros, puis met une bonne heure à rejoindre la salle de presse. Histoire de tirer le bilan d'une dernière saison dans l'élite où l'on a assisté à la naissance d'une future icône sportive, capable de susciter l'unanimité et de remplir les stades. L'ultime défaite contre Monaco (88-95), intouchable locomotive aux moyens surdimensionnés, troisième de l'Euroligue et finalement victorieuse 3-0 de la finale de Betclic Élite, a accéléré la concrétisation de son destin : le départ aux USA pour la draft du 22 juin. « Je suis conscient que c'est la fin d'une partie de ma vie. Ce qui me manquera le plus ? La nourriture de ma famille. Enfin... ma famille avant la nourriture quand même *(il s'esclaffe)*. » Lors du dernier match de la finale, on a observé un leader transfiguré, affirmé, capable de lutter les yeux dans les yeux avec l'une des plus formidables machines d'Europe (22 points, 7 rebonds, 4 contres). « Mon rêve était de gagner le championnat de France et c'est frustrant, mais je savais qu'il y aurait des obstacles sur la route de mes ambitions. Les épreuves ont un rôle à jouer dans une carrière. En regardant en arrière, je suis très fier de ce qu'on a accompli avec ce groupe. »

22 juin 2023

Draft, le grand soir

« Hello Humans. » Sur la 34e rue, en face du Madison Square Garden, ces deux mots s'inscrivent sur un billboard géant en surplomb du visage de Victor Wembanyama, dont l'œil a été retouché pour lui donner le regard reptilien d'un alien. Il est un peu plus de 20 heures et son nom, comme prévu, vient d'être prononcé par le patron de la NBA, Adam Silver. Le natif du Chesnay, costume vert profond aux allures de kimono, est appelé sur l'estrade du Barclays Center de Brooklyn et devient officiellement le premier Français numéro 1 de la draft. Le point d'orgue d'une semaine de folie furieuse entre un comité d'accueil à l'aéroport de Newark et une multitude de moments forts, entre rencontres avec les huiles de la grande ligue, lancer du premier pitch lors d'un match des New York Yankees, descente dans le métro de Big Apple, visites de Times Square ou du mythique terrain de streetball Rucker Park, interviews par dizaines. Wembanyama est soufflé par l'accueil dont il fait l'objet et l'amour qui lui est exprimé. « C'est décuplé par rapport à ce que j'ai vécu en France », observe-t-il. Et ce n'est que le début. Dès le lendemain, il s'envole pour San Antonio. Sa nouvelle vie.

Lahaou Konaté

« Une personne vraiment unique »

Lahaou Konaté a connu Victor Wembanyama à Nanterre. Il revient sur sa rencontre avec la future star.

« Déjà à Nanterre, je savais que Victor allait être une pépite. Quand je suis arrivé au club, les jeunes minimes s'entraînaient souvent avant nous, les pros. Il y avait Victor. On avait des débats avec les Américains de l'équipe, qui disaient : "Lui, il est grand, mais un peu trop soft, il va être fragile, il va être ci, ça..." Moi, je répondais : "Mais regardez ce qu'il fait sur le terrain ! Déjà, à son âge ! Regardez sa taille, comment il court, il remonte le ballon, il peut jouer 1, 2, 3, 4, 5... Laissez-lui le temps et vous allez voir." Quand tu es face à un tel potentiel, il faut être fou pour nier l'évidence ! Pour moi, il était certain que si Victor continuait à être ce qu'il est, ç'allait devenir quelque chose d'incroyable.

Et quand tu commences à le connaître, à parler avec lui, tu te rends compte que cette personne-là est vraiment unique.

À Nanterre, je le voyais arriver à la salle avec son sac de classe, son bouquin, il lisait avant l'entraînement, ce n'est pas quelqu'un qui était sur son téléphone, qui criait sur tous les toits. Il était focalisé sur ses études avant tout, et aussi sur son basket. Et quand tu le vois, tu comprends tout de suite : il n'est pas comme ses coéquipiers. Tu te dis : "Et en plus, il est plus jeune qu'eux ? Mais comment ça se fait qu'il agisse comme quelqu'un de 25 ans alors qu'il en a 15-16 ?" Pour moi, ce qui fait la différence avec Victor, ce n'est pas que le basketteur, c'est vraiment l'humain.

C'est pour ça que cette saison aux Metropolitans, à aucun moment je n'ai eu peur que l'engouement autour de lui le fasse dérailler. Pas une seconde. Il faisait abstraction de tout ça, il ne faisait pas forcément attention aux choses que nous, on voyait, il essayait de se consacrer à ce qu'il peut contrôler. Il a fait en sorte de se concentrer sur son basket grâce à sa maturité. C'est sa force. »

« On n'a plus de chiffres à donner sur le nombre de demandes d'interviews, simplement parce qu'on a perdu le compte. C'est un phénomène exponentiel, un ouragan. On pensait qu'après un temps, cela redescendrait. Mais cela n'a jamais arrêté de monter. Comme s'il n'y avait – à l'image de Victor – aucune limite. »

Issa Mboh, responsable des sollicitations presse de Wemby

Médias : le big bang

L'attention médiatique entourant Victor Wembanyama a dépassé tous les standards connus, et atteint des extrêmes inattendus.

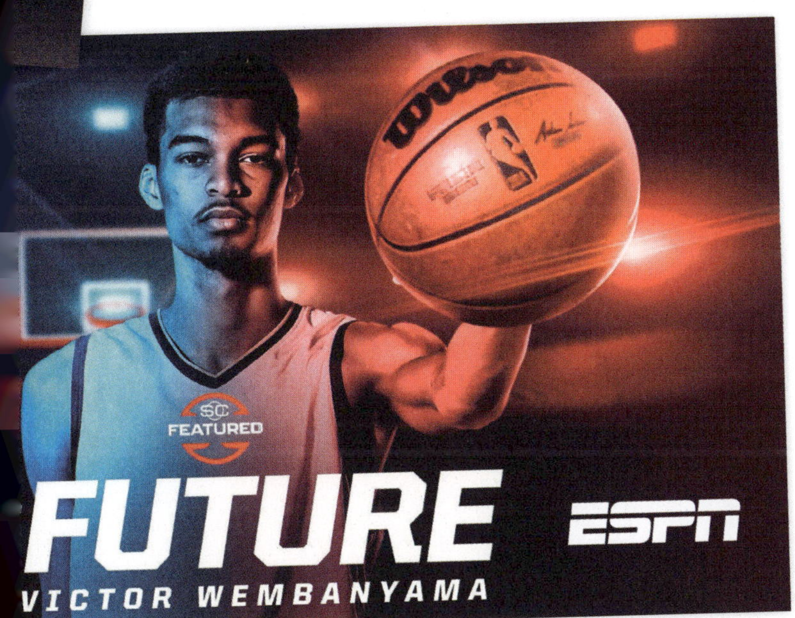

« Parfois, on a parlé de la tournée des Beatles. Victor est un joueur d'exception. Tout le monde veut le voir. Ce qu'il provoque chez les gens est un plaisir, une fascination. Il crée de la passion et c'est beau à voir. Une vraie fierté. Il permet aux gens de rêver. »

Vincent Collet, entraîneur des Mets de Boulogne-Levallois et de l'équipe de France

Des journalistes européens qui débarquent sans prévenir dans les locaux parisiens des agents de Victor Wembanyama ? ESPN qui dépêche sept envoyés spéciaux plusieurs fois la saison passée pour réaliser des contenus sur la pépite du basket français ? *Sports Illustrated*, le *New York Times* ou *Slam Magazine* à Paris ? NBC qui fait le déplacement à Roland-Garros pour la finale de Betclic Élite sans avoir la garantie d'une interview avec le joueur ? Des dizaines de déçus après avoir vu leurs demandes – injustement ? – rejetées, parmi lesquels FranceTélévisions ou France Inter ? Ce ne sont là que des exemples du raz-de-marée sans précédent subi par les personnes (Issa Mboh et Omar Bendjador) en charge de gérer les sollicitations médiatiques à l'approche de la draft de Victor Wembanyama, dont la seule présence a permis de remplir deux fois Bercy, en saison contre Bourg, puis en demi-finale contre l'Asvel. Florilège non exhaustif du traitement de Wemby par les médias.

Une saison 2022-2023 historique

41

Son record d'évaluation en Betclic Élite, contre Limoges (78-69) le 4 novembre 2022. 2e total derrière Nadir Hifi (44, Le Portel - Paris, 31 mars 2023). Il a également établi sa meilleure marque en championnat le même soir (33 points).

20

Son total de points pour sa première en Bleu, une victoire facile en Lituanie (90-65) le 11 novembre 2022 lors de laquelle il n'a même pas disputé le dernier quart. Seuls Robert Busnel (30 unités en 1934), Bob Riley (25 en 1976) et Apollo Faye (20 en 1979) avaient fait mieux ou aussi bien. « Le record est à 30 ? Il y avait la place », souriait l'alien à la sortie.

26

Son évaluation moyenne, un niveau plus vu depuis 1995-1996 (Paul Fortier, Le Mans, 27.1).

100 %

Wembanyama a remporté l'intégralité des trophées individuels : MVP (plus jeune de l'histoire, à 19 ans, 4 mois et 14 jours, devant Antoine Rigaudeau), meilleur jeune, meilleur défenseur, meilleur marqueur, trophée Thierry Rupert du meilleur contreur. Un grand chelem inédit dans l'histoire de la Ligue nationale.

500

Il est devenu le 3e joueur à inscrire au moins 500 points en championnat avant ses 19 ans après Antoine Rigaudeau et Tony Parker. Il a même franchi la barre des 1 000 points en carrière en fin de saison régulière.

30

Il a signé quatre matchs d'affilée à 30 points ou plus entre le 4 et le 26 novembre 2022 (Limoges, Nanterre, Nancy, Fos), première en championnat depuis 1994 et Mike Jones avec Cholet.

1 092

Le nombre de minutes sur le terrain cette saison en championnat. Ce qui en fait le joueur le plus utilisé de Betclic Élite (32,1 minutes par rencontre). Il n'a pas manqué un seul match, toutes compétitions confondues.

21,6

Sa moyenne de points en championnat, performance inédite depuis 2003-2004 (Rick Hughes, SIG, 24,1) et depuis 1994-1995 pour un Français (Yann Bonato, Paris Basket Racing, 23,3). « Wemby » a fini meilleur marqueur mais aussi rebondeur (10,4 prises) et contreur (3 par match) de la division.

Bilal Coulibaly

La révélation

L'engouement autour de Wemby a aussi permis de mettre en lumière son coéquipier et ami de longue date Bilal Coulibaly (19 ans), qui a éclos aux yeux du monde jusqu'à être drafté en 7e position.

Le palais des sports Marcel-Cerdan est quasiment vide en cette journée de juin. Silencieusement, Bilal Coulibaly sprinte d'un plot à un autre. Ensuite, il saute. À l'arrêt, puis avec élan. Pendant que les prétendants à la draft sont réunis au Combine de Chicago, où les futurs rookies passent des tests physiques (mesures de leur taille, leur détente sèche, sprint sur 20 mètres…), lui s'adonne à ces exercices depuis l'Hexagone, sous le regard et les encouragements de ses coéquipiers, les Mets étant au cœur de leur campagne de play-offs. En début de saison, son nom n'apparaissait pourtant pas dans les mock drafts. Profitant des projecteurs braqués sur Wembanyama, son coéquipier et ami, Coulibaly a su prendre sa part de lumière.

Le match face à Bronny James

Avant Boulogne-Levallois, les deux représentants de la génération 2004 avaient évolué ensemble en sélection des Hauts-de-Seine, remportant le Tournoi Inter-Comités U13 en 2017. Par la suite, une poussée de croissance (18 cm en deux ans) décale le natif de Saint-Cloud de la mène à l'aile et, touché par les blessures, il ne dispute que trois matchs en cadets France en un an. Son potentiel éclate aux yeux du monde à l'été 2022, lorsqu'il passe 25 points à Bronny James et sa bande dans un match d'exhibition à Nanterre. Pour 2022-2023, la cascade de blessures frappant les Mets incite Vincent Collet à lancer son espoir plus tôt que prévu. À chaque entrée, il joue juste. Ici, une claquette sur rebond offensif. Là, un 3 points dans le corner. Et toujours son intensité défensive, son application. Sortie après sortie, il confirme et séduit Collet, « impressionné » par sa progression « de semaine en semaine ». En quelques mois, l'ailier a gagné ses galons de titulaire. Élu révélation de l'année en Betclic Élite, il finit par des play-offs de haut vol (15 puis 16 points lors des matchs 2 et 4 face à l'Asvel en demi-finale).

Wemby, son ami

Quant à la draft, son nom est apparu dans les prévisions en février, au deuxième tour. Avant de grimper dans la hiérarchie. « Maintenant, tout le monde sait qu'il mérite d'être Top 10. Mais il n'y en a pas assez qui réalisent qu'il mérite d'être

« C'est une dinguerie ! »

Wembanyama à Bilal Coulibaly, lors de la draft

Top 5 », tweete Wembanyama, son meilleur attaché de presse. Le jour J, Coulibaly est appelé en 7e position par Indiana, qui le transfère à Washington. Au moment de l'annonce, dans un couloir du Barclays Center, Wemby, qui a demandé de repousser une interview de quelques minutes pour vivre le moment, hurle sa joie. « Une émotion de ouf ! » dira-t-il, remontant le temps : « J'avais 11-12 ans quand on s'est connus, il faisait 1,65 m, il était tout frêle… » Dans la soirée, les deux compères se retrouvent. « Hey, c'est une dinguerie ! Je suis tellement fier de toi, lance le 1er choix au 7e. On est des joueurs NBA ! »

Frères d'armes

Pietrus-Diaw, les pionniers

Wembanyama et Coulibaly sont le sixième duo de coéquipiers issus d'un club européen à avoir été draftés au premier tour – mais les seuls ayant été tous deux sélectionnés dans le Top 10. Vingt ans plus tôt, deux Français avaient montré la voie : Mickaël Pietrus et Boris Diaw sous le maillot de l'Élan Béarnais.

Draft	Club	Joueurs draftés
1996	Paok Salonique	Peja Stojakovic (14e) et Efthimios Rentzias (23e)
2002	Trévise	Nikoloz Tskitishvili (5e) et Bostjan Nachbar (15e)
2003	Pau-Orthez	Mickaël Pietrus (11e) et Boris Diaw (21e)
2003	B. Podgorica	Zarko Cabarkapa (17e) et Sasha Pavlovic (19e)
2004	CSKA Moscou	Viktor Khryapa (22e) et Sergueï Monya (23e)
2023	Boulogne-Levallois	Victor Wembanyama (1er) et Bilal Coulibaly (7e)

Rupert at the buzzer

Pourtant installé dans la « Green Room », Rayan Rupert a dû faire preuve de patience avant de finalement entendre son nom appelé à la 43e place de la draft.

Rayan Rupert (à gauche), lors de la Summer League de Las Vegas.

L'anxiété s'est forcément invitée à la table de Rayan Rupert et ses proches, au pied de l'estrade du Barclays Center. Le joueur des New Zealand Breakers (6,6 points, 2,5 rebonds en 20 minutes) a vu défiler 42 de ses pairs avant qu'enfin son nom ne soit appelé par Portland. La cote de Rupert avait suffisamment monté avant la draft pour qu'il soit convié dans la Green Room, où seuls les favoris du premier tour sont installés.

Mais les premiers candidats à son recrutement ayant finalement porté leur choix sur d'autres, une attente interminable a débuté. Son agent Bouna Ndiaye faisait lui chauffer son smartphone pour s'assurer que le petit frère d'Iliana, joueuse du Dream d'Atlanta, avec qui il entretient une relation fusionnelle, encore plus depuis la disparition tragique de leur papa Thierry en 2013 des suites d'un malaise cardiaque, atterrisse au sein d'une franchise où il pourrait réellement avoir sa chance. « Victor, on savait depuis longtemps qu'il serait numéro 1. Mais pour Bilal (Coulibaly, 7e) et Rayan, il y avait un vrai travail, des dossiers à défendre, raconte Ndiaye. Pour Rayan, encore plus, il fallait convaincre de son potentiel, qu'il méritait un contrat garanti. J'avais cette promesse chez les Blazers, mais j'ai dû dire non à douze équipes qui s'intéressaient à lui. Quin Snyder (Atlanta) m'a appelé par exemple. Mais souvent, les conditions n'étaient pas réunies, le temps de jeu à venir trop limité. Je leur ai dit que j'avais ce que je voulais. »

Du côté de Portland, où le natif de Strasbourg, « programmé génétiquement », glisse sa mère Elham, reprendra le flambeau de Nicolas Batum (2008-2015), un joueur auquel il est souvent comparé, Rupert va réaliser son rêve après avoir marché dans les pas de Tony Parker à l'INSEP, où il a laissé un souvenir marquant. « Il nous obligeait à faire des heures sup, sourit Jean-Aimé Toupane, son coach d'alors. Des échappées nocturnes pour s'entraîner, une tradition depuis Tony (Parker). Il me demandait aussi de le retrouver à six heures du matin avant l'école. Étant proche de sa famille, je me sentais le devoir de l'accompagner. C'est un garçon en mission, qui ne triche pas, déterminé malgré son jeune âge. »

De quoi convaincre sa nouvelle franchise NBA de lui offrir un premier contrat garanti de deux ans avec une troisième en option.

Agence tous risques

ComSport a atteint le graal de tout agent : faire sélectionner l'un de ses joueurs à la première place de la draft.

De la Grande Borne à la Grosse Pomme, il n'y a désormais qu'un pas. Les souvenirs des barres d'immeubles de la cité précaire de Grigny (Essonne) où il a passé une partie de son adolescence affleurent toujours quand l'agent de joueurs Bouna Ndiaye (57 ans à l'été 2023) évoque la consécration du 22 juin. Avec son compère de toujours Jérémy Medjana (51 ans), un temps sans licence officielle, ils ont investi l'Amérique, puis fini par planter leur drapeau à New York en menant un joueur au 1er rang de la draft NBA. Une aventure entamée en 1999 par le tandem après avoir sillonné le monde avec la Slam Nation, qui a plusieurs fois failli péricliter. Une performance inédite pour des étrangers, pour un agent africain, aussi. En bref, un nouveau cap pour cette agence – la seule non locale entièrement indépendante aux États-Unis –, qui a su, dans un marché qui ne voulait pas d'elle, se rendre incontournable. Quand on avait demandé à Victor Wembanyama en 2021 pourquoi le choix de ComSport, le joueur avait lâché simplement : « les plus performants et les plus ambitieux ».

La décla

Bouna Ndiaye : « Un peu la draft de ComSport »

« C'est l'aboutissement de trois décennies de travail sur une niche que j'estime la plus importante dans le sport mondial, la France et l'Afrique. C'est l'expérience accumulée, avec des échecs, des joueurs qui nous abandonnent, d'autres qui nous font confiance, la capacité à se relever, qui nous ont permis d'être les meilleurs pour accompagner Victor, gagner sa confiance, celle de ses parents. Ç'a été une tempête d'émotions, la semaine la plus occupée de notre vie professionnelle. On a accompli quelque chose de grandiose, qu'on ne revivra peut-être jamais. On a aussi impacté le basket français, avec les Mets, en remplissant Bercy, Roland-Garros... et mondial, grâce à l'aura de Victor, qui a touché des centaines de millions de gens. Même la NBA ne parlait pas de la "draft 2023", mais de la draft de Wemby. C'était aussi un peu la draft de ComSport. »

Les stats

Les agents qui valaient un milliard

956

En millions de dollars, le montant des engagements garantis en NBA obtenus pour leurs clients par ComSport depuis DJ Mbenga, leur premier client dans la grande ligue nord-américaine, en 2004. Un montant qui inclut les premiers contrats de Victor Wembanyama, Bilal Coulibaly et Rayan Rupert.

Top 10 en carrière

(millions de dollars)
Rudy Gobert : 307
Nicolas Batum : 195
Evan Fournier : 163
Ian Mahinmi : 83
Victor Wembanyama : 55
Bilal Coulibaly : 30
Alexis Ajinça : 25
Frank Ntilikina : 22
Kévin Séraphin : 16
Timofey Mozgov et DJ Mbenga : 10

Fabrice Jouhaud

« Un blockbuster hollywoodien »

Le DG de la Ligue nationale évoque l'après-Wembanyama et l'avenir de la LNB qui, désormais nantie d'une visibilité inédite sur la chaîne L'Équipe, compte capitaliser sur l'engouement né autour de « Wemby ».

Le phénomène Wembanyama, les salles pleines, un dernier match à Roland-Garros… Est-ce que la ligue, le championnat ont vécu une saison comme dans un film ?
Oui, c'était comme une superproduction, un blockbuster hollywoodien avec un happy end dans le temple du tennis transformé pour l'occasion, pour soit sacrer le champion dans un cadre exceptionnel et inédit médiatiquement, soit pousser la finale jusqu'à un cinquième match qui aurait été légendaire. La ligue a offert un soutien actif à tous les niveaux, y compris financier, auprès du club de Boulogne, en coopération avec la fédération de tennis.

Sur cette finale, la ligue jouait-elle une partie de l'avenir ?
Non, pas sur un match. C'était l'apothéose de la saison et on sait qu'on le doit aussi à Victor Wembanyama. L'engouement n'aurait pas été le même sans lui. Mais on a fait le plein sur des matchs où il n'était pas là. Nanterre a réuni 16 319 personnes à La Défense Arena contre l'Asvel, record du championnat, Paris a joué deux fois à Bercy, une fois à Roland. En Pro B, Orléans a fait deux fois 10 000 (à CO'Met). Nancy a eu la meilleure moyenne d'affluence alors que Victor n'y a joué qu'une fois. Ce n'est pas tant nous qui jouions notre avenir mais le basket et les gens extérieurs, qui se rendent compte qu'on peut attirer 10 000 spectateurs sur un match de Betclic Élite, 30 000 s'il y a Wemby.

Roland-Garros a été rempli en quelques jours, quelle est l'étape suivante ? Un stade comme le Parc des Princes ?
L'ambition de la Ligue, ça doit être ça, le Parc des Princes, le Stade de France. Peut-être pas demain. Mais ce qui s'est passé cette saison montre qu'on peut pousser les murs, au sens propre comme au figuré. Il y a bien eu du hockey sur glace dans le stade de Schalke 04 (la Veltins Arena, 62 000 spectateurs).

Une délégation de la Ligue s'est rendue à la draft. Qu'espérer de ce voyage ?
Il faut entretenir un dialogue. Ils ont un savoir-faire, sont contents de voir le nôtre et nos audiences. On cherche à valoriser la France, le premier pourvoyeur de joueurs NBA hors Amérique du Nord. On doit réfléchir à comment créer du lien et faire des contenus qui montrent cela, mais aussi comment travailler pour éviter que certains jeunes partent trop tôt. Au final, on veut montrer que c'est le meilleur chemin pour aller en NBA.

Comment éviter un contrecoup et au contraire capitaliser sur l'appel d'air créé par Wembanyama ?
Il y a un travail à faire là-dessus, avec lui, qui a déjà commencé. Il faut qu'on démontre que Victor est une tête de gondole, la tête d'une grosse gondole. Les jeunes talents jouent ici, sont chez nous, et font le spectacle. Juhann Begarin va à Nanterre, Milan Barbitch à Blois. Des Victor, on n'en aura pas tous les ans. Il faut qu'on montre que c'est un super mec au milieu de top joueurs. »

« Ce n'est peut-être pas demain, mais l'ambition de la LNB, ça doit être le Parc des Princes, le Stade de France. »

Présidence

Ausseur pour rehausser la LNB

En poste depuis 2011, Alain Béral (69 ans) ne s'est pas présenté à sa propre succession à la tête de la ligue nationale. Son successeur est déjà connu du sérail, puisqu'il dirigeait la DNCCG, organe de contrôle des finances des clubs de Betclic Élite. Philippe Ausseur bénéficie d'une bonne réputation, celle d'un homme droit, sérieux, ambitieux et indépendant. Si beaucoup, à l'image du président de Paris Basketball David Kahn, souhaitaient voir nommé à ce poste clé un profil extérieur à la LNB plus « business », l'idée est de voir Fabrice Jouhaud, le directeur général, disposer de plus de marge de manœuvre pour initier et prendre des décisions – radicales si nécessaire – avec plus d'agilité et de vitesse que par le passé.

Basket français, le moment ou jamais

Salles pleines, phénomène Wemby, nouveau contrat TV, championnat attractif... En amont de Paris 2024, le basket hexagonal surfe sur une dynamique sans précédent. Qu'il lui faudra exploiter au mieux.

Des records d'affluence

Le 12 mars, réunissant 16 319 spectateurs à La Défense Arena, Nanterre (vaincu par l'Asvel) a établi le record d'affluence dans l'histoire du championnat. De son côté, Nancy a réalisé la meilleure moyenne sur une saison (5 829 places vendues par match), tandis que la Betclic Élite a atteint un nouveau sommet : 3 910 fans par rencontre. Les records sont également tombés en Pro B. Sur un match : 9 483 à Orléans pour sa première à CO'Met, son nouvel écrin. Sur la saison : 2 194 de moyenne. L'année fut également marquée par de nombreuses délocalisations (à Bercy, Roland-Garros...), qui vont se poursuivre : avant d'investir l'Adidas Arena en février 2024, le Paris Basketball va une nouvelle fois se délocaliser à Bercy.

Des matchs en clair

En 2022-23, les matchs des Metropolitans ont été retransmis sur l'application de la NBA, une première dans le basket européen qui a permis de nouer des relations entre les dirigeants LNB et NBA. À partir de 2023-24, pour sept saisons, la Betclic Élite sera diffusée sur la plateforme Skweek et la chaîne L'Équipe. Ce contrat longue durée permet la complémentarité entre la quantité sur Skweek – plus de 800 matchs par saison – et la visibilité. Le dimanche en fin d'après-midi, le basket français passe en clair. Vingt-cinq matchs de saison régulière intégreront la grille de L'Équipe, plus 10 de play-offs dont les finales, ainsi que trois matchs de la Leaders Cup et le All-Star Game.

Des résultats et des stars

Grâce à Monaco, un représentant du championnat de France a atteint le Final Four de l'Euroligue pour la première fois depuis l'Asvel en 1997. L'ascension de la Roca Team et la licence garantie du club rhodanien en C1 aident à la crédibilité du basket français sur la scène continentale, ainsi qu'à son attractivité. L'Asvel a pu faire revenir nombre d'internationaux (Nando De Colo, Joffrey Lauvergne, Timothé Luwawu Cabarrot...). Tout comme Monaco (Mouhammadou Jaiteh, Petr Cornelie...), qui a signé parmi les plus beaux CV jamais vus sur la scène nationale (Mike James, Kemba Walker...).

Des événements parisiens

« Paris est l'épicentre du basket européen », aime à dire le président du club de la capitale, David Kahn. La capitale est à la mode, et devenue une destination privilégiée de la NBA. Revenue en ville en 2020 pour son premier match de saison régulière sur le sol français (Milwaukee-Charlotte), la ligue américaine a donné une deuxième représentation en 2023 (Chicago-Detroit), et investira de nouveau l'Accor Arena le 11 janvier 2024 (Cleveland-Brooklyn). Avant l'événement mondial qui placera Paris au centre du monde sportif : les Jeux olympiques.

Skweek tisse sa toile

Alexeï Fedorychev, président de FedCom et de Monaco.

C'est un terme censé décrire les crissements du caoutchouc des sneakers sur les lattes de bois qui composent les parquets de basket. Skweek. Mais le nom de la société, devenue en moins de deux ans un acteur majeur du basket français et européen, fait aussi grincer quelques dents. Pas pour son ambition éditoriale ni les moyens investis dans la qualité de ses retransmissions, inédits ou pas loin dans l'histoire de la balle orange française. Ceux-ci vont offrir au basket une visibilité inespérée. C'est plutôt sa boulimie et son omniprésence soudaine qui interrogent.
Nouveau diffuseur, en partenariat avec la chaîne L'Équipe, du championnat de France, pour sept ans, au détriment de beIN Sports, Skweek détient parallèlement les droits de l'Euroligue en France et à Monaco, dont elle diffuse certaines affiches sur la chaîne en clair de la TNT.

Conflits d'intérêts

Sa plateforme propriétaire OTT, émanation de FedCom Media, dispose de moyens qui semblent illimités, mais travaille pour l'heure largement à perte. La maison mère ? FedCom, une société spécialisée dans la vente d'engrais, est dirigée par Alexeï Fedorychev, président du club de Monaco, dont la société est aussi le sponsor principal. Homme d'affaires affable mais controversé, d'origine russe mais de nationalité hongroise et citoyen monégasque, Fedorychev rêve de suprématie européenne pour son équipe, et est prêt à débourser sans compter pour y parvenir. Pour optimiser ses chances de se maintenir dans le gotha et de décrocher une licence de membre permanent à l'Euroligue, FedCom est ainsi devenue – incidemment ? – un sponsor majeur de la compétition reine, qu'elle a su convaincre de laisser l'ASM évoluer dans sa salle, alors que Gaston-Médecin, même rénové et annoncé généreusement à 4 500 places, est loin du cahier des charges imposé par l'instance.
Au printemps dernier, on apprenait enfin que Skweek devenait sponsor maillot – moyennant une somme annuelle conséquente – du concurrent principal de Monaco, l'Asvel. Étrange situation où la première puissance du championnat arme indirectement mais sciemment son principal rival. De quoi accroître la puissance financière du basket français et sa compétitivité.
Mais créer également une situation évidente de conflit d'intérêts qui ne manquera pas de faire… skweeeeeek.

Hall of Fame – Tony Parker dans la légende

Le samedi 12 août, « TP » est devenu le premier Français intronisé au Hall of Fame de Springfield (Massachusetts), le Panthéon du basket.

Springfield, Massachusetts. La localisation du Hall of Fame ne doit rien au hasard. C'est dans cette ville du Nord-Ouest des États-Unis, sur une rive du fleuve Connecticut, que James Naismith, un jour de décembre 1891, inventa le basket. Depuis, plus de 400 personnes (joueurs, joueuses, coaches, contributeurs...) ont été intronisées au Hall of Fame.
Au contraire des entraîneurs, les joueurs ne peuvent prétendre intégrer ce temple de la renommée durant leur carrière, et doivent être à la retraite depuis trois saisons pleines à minima. Au terme d'un processus très opaque, des noms sont proposés à un comité d'honneur, composé de 24 membres, qui ne dévoilent pas leur identité, examinent puis votent pour chacun des pré-nominés. Pour être intronisé, un candidat doit obtenir 18 voix au minimum sur 24.
Désigné en février parmi les 12 finalistes avant d'être élu en avril, Tony Parker a été reçu dès sa première année d'éligibilité. « First ballot », disent les Américains. Un honneur, une consécration. Un témoin de la réussite de sa carrière et de son impact en NBA. Un accomplissement inimaginable, aussi, dans une ligue qui, il y a encore vingt ans, restait hermétique aux talents étrangers.

Les immortels du basket

Ce n'est pas la moindre des réussites de Tony Parker d'être parvenu à forcer la porte, permettant à des générations de basketteurs internationaux de s'y engouffrer par la suite. Le gamin qui avait pris sa première licence à Fécamp (Normandie), drafté 28e par les Spurs en 2001, s'est imposé meneur titulaire, à 19 ans, d'une équipe NBA après seulement cinq matches. Quatre fois sacré, MVP de la finale en 2007, il est même devenu, au mitan des années 2010, le patron et l'option numéro un d'une équipe considérée comme une dynastie.
Pour ne rien gâcher, la cuvée 2023 est l'une des plus prestigieuses de l'histoire, remplie de symboles pour TP. Il est accompagné de l'Espagnol Pau Gasol et de l'Allemand Dirk Nowitzki, deux de ses plus grands rivaux, deux autres géants de l'internationalisation de la ligue américaine. Cette promotion a également célébré Gregg Popovich, coach des Spurs depuis 1996, et Becky Hammon, ex-superstar WNBA qui fut ensuite assistante à San Antonio. Comme un deuxième père et une sœur pour Parker.
C'est donc en famille qu'il en a intégré une autre, celle du Hall of Fame. Celle des légendes immortelles du basket.

NAISMITH MEMORIAL
BASKETBALL
HALL OF FAMER

« Je me sens béni »

Extraits du discours d'intronisation de Tony Parker au Hall of Fame.

« J'ai beaucoup de liens avec les personnes qui intègrent avec moi le Hall of Fame cet été, Pau Gasol, mon coéquipier chez les Spurs et adversaire avec l'Espagne ; Dirk Nowitzki, un grand ami dont j'ai assisté au retrait de maillot et rival dans les derbies du Texas ; Dwyane Wade, avec qui on s'est affrontés deux fois en finale ; Becky Hammon, comme ma grande soeur ; et coach Pop.
J'ai choisi Tim Duncan et Manu Ginobili pour m'accompagner. Pourquoi le premier est-il si spécial ? Il est le meilleur ailier-fort de l'histoire. Il avait un super-pouvoir : il ne parlait pas pour recevoir la balle, il se contentait de me jeter un regard. Et quand tu as 19 ans et que tu débarques de France, le regard de Tim, ça fait peur *(il rit)*. Manu est unique, si unique, avec ses passes légendaires et celles qui finissaient… en tribunes. Pop ne savait pas quoi faire de lui les deux premières années *(sourire)*.
J'avais besoin d'un allié en début de carrière et il l'a été. Tim ne m'a pas parlé la première année, et nous avons fini par gagner, ensemble, quatre titres.
Qui l'aurait imaginé ?
Mon voyage a débuté par un grand rêve. Je voulais aller en NBA, être le premier meneur européen à y réussir.
En France, on me disait : tu es trop petit, trop maigre. Quand vous dites à quelqu'un que vous rêvez et qu'il ne se moque pas de vous, c'est que vous ne rêvez pas assez grand. J'ai une famille fantastique, mon père est né aux États-Unis, ma mère aux Pays-Bas, moi en Belgique, mais je suis bien français *(il rit)*. J'ai grandi avec les deux cultures et ça m'a porté toute ma vie.
Coach Pop… tout part de lui. Tu es incroyable. Je peux dire beaucoup de choses, la manière dont tu jurais, m'insultais, me poussais, mais mes enfants sont là *(il rit)*. À 19 ans, tu m'as envoyé au feu, titularisé après cinq matches en tant que rookie. Le reste, c'est l'histoire. Tu as toujours été un deuxième père pour moi. Je t'aime.
À l'équipe de France… J'ai toujours pensé que si je ne gagnais pas une médaille d'or, ma carrière ne serait pas aboutie. Nous l'avons fait il y a dix ans. Cela m'obsédait. Des fois j'aurais aimé que Pau Gasol ne soit pas né *(sourire)*, car on en aurait sûrement ramené plus, mais en même temps, Pau, c'est toi qui m'a poussé à revenir chaque été et me dépasser. Quant à mes complices, Boris Diaw et Ronny Turiaf, vous avez rendu cette aventure inoubliable.
Je me sens béni, je n'aurais jamais imaginé que quelqu'un comme moi puisse vivre de telles choses. À tous les enfants qui regardent, continuez à rêver. »

55

Son record de points sur un match, le 5 novembre 2008 sur le parquet de Minnesota. Les Spurs s'étaient imposés après deux prolongations (129-125), TP arrachant la seconde au buzzer. Il avait également pris 7 rebonds et distribué 10 passes décisives.

Un pionnier en chiffres

6

Son nombre de sélections au All-Star Game (2006, 2007, 2009, 2012, 2013 et 2014).

10

Avec 4045 points inscrits en phase finale, Parker est le 10e meilleur marqueur de l'histoire des play-offs NBA. Il devance Stephen Curry de 79 unités (3 966, 11e), qui pourrait ainsi le déloger du top 10 d'ici à la fin de sa carrière. Le Français est aussi 6e meilleur passeur de l'histoire des play-offs (1 143 assists).

4

Son nombre de titres NBA, décrochés en 2003, 2005, 2007 (MVP des finales, 1er Européen à le devenir) et 2014. Dans toute l'histoire, seuls vingt-six joueurs ont fait mieux, dont son coéquipier Tim Duncan (5, en ajoutant 1999). Le recordman reste Bill Russell (11).

5

Le meilleur classement de Tony Parker dans le vote pour le titre de MVP de la saison NBA, en 2011-2012. Sur les 121 journalistes conviés au scrutin, quatre avaient mis le Français en première place. Parker a également terminé 6e du vote en 2012-2013.

17

De 2001 à 2018, TP a disputé 17 saisons pour les Spurs, jusqu'à son départ pour Charlotte. Seuls six joueurs ont fait mieux : Dirk Nowitzki (21 pour Dallas), Udonis Haslem (20 avec Miami), Kobe Bryant (20, LA Lakers), Tim Duncan (19, Spurs), John Stockton (19, Utah) et Reggie Miller (18, Indiana).

Équipe de France – Douche froide à Djakarta

Les Bleus déboussolés après leur élimination
dès le premier tour de la Coupe du monde.

2
Sun Life
FRANCE
12
MAIF
FRA

No Thrilla in Manila

Les Bleus rêvaient de l'or mondial. Leur parcours en Coupe du monde s'est arrêté à Djakarta après seulement 48 heures. L'un des crashs les plus imprévisibles de l'histoire des Bleus, à moins d'un an de leurs JO.

À l'image de Nando De Colo, les Bleus se sont pris les pieds dans le tapis en Indonésie.

Ils étaient arrivés à Djakarta nimbés d'une aura trompeuse. Celle de vice-champions olympiques et d'Europe, troisièmes du dernier Mondial. Favoris, donc, et selon la vaste majorité des observateurs, avec leur expérience en bandoulière et le retour de leurs patrons Nicolas Batum et Nando De Colo, héros de Tokyo il y a deux ans aux JO.

« Être sur les trois derniers podiums internationaux dit notre constance et c'est bien, il ne faut pas cracher sur ce qu'on a fait. Mais cela ne suffit plus pour cette génération. Viser autre chose que l'or serait se mentir à nous-mêmes », assumait l'arrière de l'Asvel, reconduit au poste de meneur titulaire occupé au Japon.

Un discours repris, chacun à sa manière, par les leaders français. « Le tournoi est ouvert. Mais la France peut être championne du monde », expliquait le capitaine Nicolas Batum. Rudy Gobert, qui a fêté cet été comme son compère de la génération 92 Evan Fournier sa centième cape, n'en espérait pas moins, lui qui a emmené quelques-uns de ses camarades visiter, à Tokyo en préparation, les locaux des créateurs de One Piece. Le pivot de Minnesota voyait bien ses Bleus tel l'escouade de pirates du manga à succès à la recherche du trésor de Gold Roger, partir en quête de leur propre graal aux reflets d'or.

Contre-performance majeure

Le retour sur terre fut aussi abrupt que le « clang » de l'arceau, quand l'ultime tir à 3 points de Sylvain Francisco, l'un des trois bizuths bleus en phase finale, ressortit du cercle. Un échec qui validait l'imprévisible défaite des Bleus face à la supposée faible Lettonie (86-88), privée de ses leaders (Porzingis, Strelnieks), grande surprise de la compétition derrière la révélation Arturs Zagars et son inénarrable coach italien Luca Banchi.

Une contre-performance majeure, alors que les Bleus, malgré leurs difficultés dans nombre de secteurs – engagement défensif, pourtant leur fonds de commerce, rebonds offensifs concédés, manque d'options et de création offensive, d'alternance avec l'intérieur –, menaient encore de 9 points quelques minutes plus tôt (75-66, 34e). C'était le moment le plus mal choisi pour péter un plomb, mais victime d'une clé de bras ignorée par les arbitres, Nando De Colo (0 point), loin de son plus haut niveau, se retrouvait exclu pour avoir bousculé son défenseur.

Orphelins d'un meneur d'expérience pour le money time, les Bleus sombraient peu à peu, Evan Fournier (27 points) dès lors défendu en boîte, le reste de l'équipe observant, impuissant, l'inexorable marée balte, en tribune comme sur les planches.

La stat

19

Les Bleus n'ont connu qu'une fois un pire classement que le leur à la Coupe du monde 2023 (18e). Il faut remonter aux JO 1936 pour en retrouver trace (19e). Depuis, ils n'avaient jamais fini au-delà du 13e rang, et n'avaient pas été éliminés au premier tour depuis le Mondial 1986.

Meilleur marqueur des Français, Evan Fournier n'a pas suffi pour éviter la chute.

Les larmes jaillissaient soudain des yeux lettons, qui célébraient comme s'ils venaient de remporter la Coupe du monde. Ils battront par la suite l'Espagne, tenante du titre, et ne passeront pas loin de faire tomber le futur champion allemand en quart (79-81).
Zagars, 22 points face à la France, était projeté dans les airs par les siens. De là-haut, il ne voyait sans doute pas les Français, six pieds sous terre, encore en train d'essayer de comprendre ce qui venait de leur arriver. Quarante-huit heures et « terima kasih » (Merci, en indonésien). Ciao, rideau. Une élimination inimaginable, incompréhensible malgré la claque initiale infligée par le Canada. Les Français avaient alors résisté une mi-temps (40-43), derrière une mi-temps énorme de Fournier (19 points, 21 au final) ciblé par la défense de plomb de Dillon Brooks et Luguentz Dort, avant de s'effondrer dans des proportions aussi inattendues qu'abyssales (65-95).

« Ce qu'on a montré, c'est ce qu'on vaut. »

Evan Fournier

« C'est l'un des plus gros échecs de l'histoire du basket français, convenait Vincent Collet. Surtout avec ce qu'on pensait être devenus. Je ne l'ai sans doute pas dit assez fort avant la compétition, mais on ne peut pas être performants à ce niveau si on n'a pas l'humilité pour se battre. Cela n'empêche pas l'ambition. Et il faut aussi du talent. Mais ce qu'on a pu faire ces dernières années n'était pas bâti uniquement autour du talent. Le croire serait une erreur fondamentale. C'était un travail de chaque instant pour être une grande équipe. Là, clairement, sur ces deux matchs, on n'en a pas été une. »
Le fiasco est total, sans doute le plus gros de l'histoire du basket français au regard des ambitions exprimées et du pedigree de cette équipe. Comme un écho aux footballeurs champions du monde en 1998 qui s'étaient

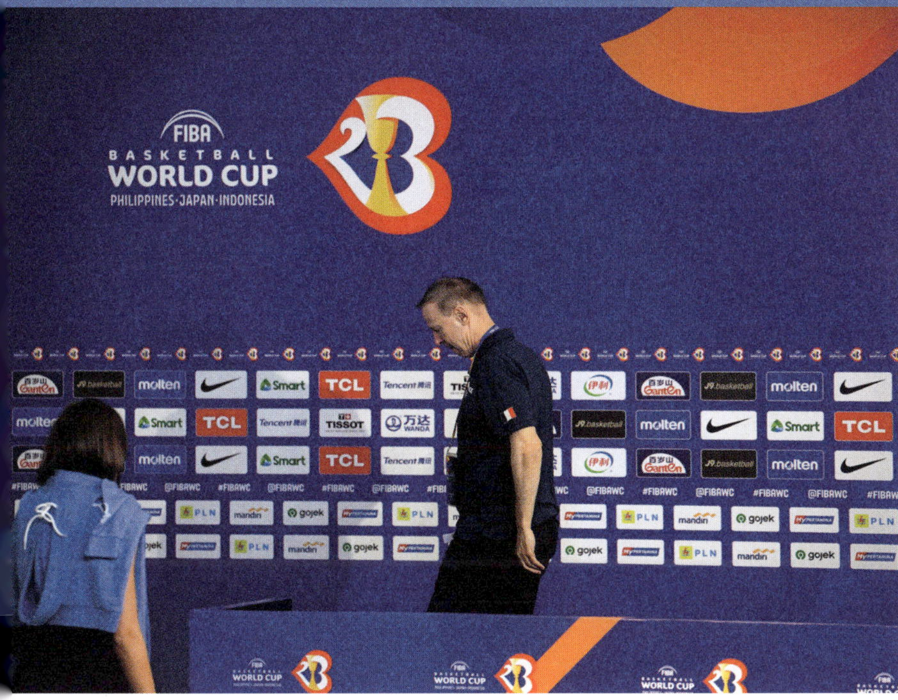

Le sélectionneur quitte l'estrade après l'élimination, la tête basse.

crashés quatre ans plus tard au premier tour du Mondial disputé… en Asie.
« On a pris une gifle. Est-ce que j'arrive à y croire ? Oui et non, je ne sais pas… soufflait Evan Fournier, déboussolé. Mais ce qu'on a montré, c'est ce qu'on vaut. Il faut une grosse remise en question pour l'année prochaine. Car chaque année est différente, a son histoire. »
En battant très péniblement le Liban (85-79), puis l'Iran (82-55) et la Côte d'Ivoire (87-77) dans d'ésotériques matchs de classement, les Bleus ont fini à la 18e place, juste derrière le Soudan du Sud, autre belle histoire de la Coupe du monde. Du jamais-vu depuis… 1936.
Les sources d'explication, au-delà des caricatures, qui ciblent sans analyse sérieuse les têtes qui dépassent – « Cramé ! », Vincent Collet, sélectionneur aux sept médailles qui n'avait jamais connu, en treize phases finales, une élimination au premier tour ; « Égoïste ! », Evan Fournier, meilleur scoreur des cinq dernières phases finales des Bleus, l'un des rares éléments stables de la campagne –, sont multiples.

« Pas assez de joueurs au niveau. »

Un membre de la délégation

Ni le staff, qui n'a pas su mettre un groupe aux multiples erreurs de casting en ordre de marche, et dont il reste à prouver que le message passe toujours ; ni les joueurs, incapables de se fédérer autour d'un objectif malgré les grands discours et le groupe qui « vit bien », ne pourront fuir leurs responsabilités.
Celles-ci sont, comme l'expliquait un capitaine en colère à la sortie, à tous les étages. « Il faut jouer pour ce qu'il y a devant le maillot, pas ce qu'il y a derrière », lançait Nicolas Batum après coup, évoquant une remise en question politique et – sans le citer – l'absence de certains comme Thomas Heurtel.
« On n'avait pas assez de joueurs au niveau pour une phase finale internationale, c'est aussi simple que ça », tranche un membre de la délégation française. Le groupe, plombé par le forfait de Victor Wembanyama annoncé quelques jours après sa draft, et celui de Frank Ntilikina, blessé lors d'une victoire en préparation en Lituanie, ne s'est pas remis, non plus, d'une préparation inepte. « Une farce », lâche un joueur. Déplacements trop nombreux, en bus ou de nuit en avion, récupération non optimisée, adversaires loin du niveau requis (Venezuela, Tunisie, Japon…).

« Un cauchemar. »

Vincent Collet

À un an de l'apothéose rêvée de Paris 2024, le timing pouvait difficilement être plus mauvais. « C'est un cauchemar », résumait Collet en conférence de presse, avant de reprendre en zone mixte : « C'est clairement un pas en arrière par rapport à ce qu'on essayait de construire en vue des JO. Qu'est-ce que cette défaite signifie ? Je ne le sais pas, il faut qu'on l'analyse. Mais ce qui est indispensable quand ces choses arrivent, c'est la remise en question. » Pour continuer de rêver, la mue, dans les têtes comme sur le parquet, devra être immédiate, et radicale.

Chronologie

Les Bleus sous Vincent Collet

2009	Euro, quart de finale
2010	Mondial, huitième de finale
2011	Euro, médaille d'argent
2012	JO, quart de finale
2013	Euro, champions
2014	Mondial, médaille de bronze
2015	Euro, médaille de bronze
2016	JO, quart de finale
2017	Euro, huitième de finale
2019	Mondial, médaille de bronze
2021	JO, médaille d'argent
2022	Euro, médaille d'argent
2023	Mondial, premier tour (18e)

Rendez-vous à Paris

Les Bleus ont moins d'un an pour se réinventer et préparer l'échéance la plus importante de leur histoire : les JO de Paris. Avec des chantiers à tous les étages.

À l'heure du bilan, Boris Diaw, Jean-Pierre Siutat (ci-contre) et Nicolas Batum (ci-dessus) ont appelé à une profonde remise en question.

C'est le Graal d'une génération. Mais aussi un rendez-vous historique pour l'ensemble du basket français. Les JO 2024. Sur les trois derniers podiums internationaux, capable de vaincre par deux fois Team USA (en quart de finale du Mondial 2019 et en ouverture des JO 2021) avant de lui tenir tête jusqu'aux derniers instants de la finale du olympique (82-87), la France ne s'imaginait pas briguer autre chose que la médaille d'or à Paris.
La douche glacée de Djakarta l'a brutalement ramenée à sa réalité du moment, jetant une lumière froide sur les nombreux chantiers à gérer d'ici à l'échéance la plus importante de son histoire.
« On ne mettra pas la poussière sous le tapis, a promis Jean-Pierre Siutat, président de la fédération française depuis 2010, au lendemain de l'échec indonésien. C'est une grande désillusion, et nous sommes tous collectivement responsables. Cela ne remet pas en cause toutes ces années où on est passés de la 12e place du ranking en 2010 à la 3e en 2018. On a l'équipe pour rebondir, comme on l'avait fait en 2019 après l'échec de 2017 (élimination de l'Euro en huitièmes). Il valait mieux que cela arrive maintenant qu'en 2024. »
Le seul point vaguement positif dans le marasme : les Bleus sont plus souvent à l'aise dans un rôle d'outsider, dos au mur, à l'image des campagnes mondiales 2014 (bronze) et 2019 (bronze), puis aux JO de Tokyo (argent). Ils retrouvent aujourd'hui ce statut, contraints à une remise en cause profonde qu'ils n'auraient peut-être pas opérée sans ce choc estival.
« Tout le monde, le sélectionneur, moi-même, peuvent être remis en cause », a expliqué, le plus sérieusement du monde, Boris Diaw, manager général, avant d'ajouter, malicieux, à l'adresse de Fabrice Canet : « Même l'attaché de presse... » « On doit se servir de ces événements pour chercher les vraies raisons de l'échec et bâtir 2024, poursuit Siutat. Tous les dossiers seront ouverts. »

Une équipe bancale

Et ils sont nombreux, à commencer par la constitution de l'équipe, bancale dès le début, sans que ni le sélectionneur ni les observateurs n'aient su le déceler ou l'admettre avant le début de la compétition. « Il faut la meilleure équipe possible », a lancé, la rage et l'émotion affleurant après la claque reçue des mains de la Lettonie (86-88), le capitaine Nicolas Batum. Le staff a fait avec ses convictions et les moyens du bord après les forfaits de Victor Wembanyama (choix) et Frank Ntilikina (blessé). Parmi les constats : un banc inexpérimenté (3 rookies, 5 phases finales cumulées pour les sept remplaçants) ; trois joueurs aux profils trop similaires – Cordinier, Ouattara, Tarpey – ; le manque d'un relais d'expérience en l'absence de Thomas Heurtel (non sélectionnable car sous contrat en Russie) à la mène. Un poste clé mais déserté, tenu par Nando De Colo, arrière de formation, seulement secondé par le jeune Sylvain Francisco, jeté dans la fosse aux lions face aux Lettons dans le money time après l'expulsion du joueur de l'Asvel.
Le vieillissement de ses leaders (en 2024, De Colo aura 37 ans, Batum 36) devra être considéré. Toujours indispensables, leur rôle et leur utilisation doivent être repensés pour éviter de revivre la déconvenue des JO 2016 à Rio (défaite 67-92 en quarts contre l'Espagne), où l'âge des cadres – Tony Parker (34 ans), Boris Diaw (34) et Florent Pietrus (33) – avait cristallisé les critiques. L'avenir passe par l'injection de sang neuf. Si Victor Wembanyama ou Bilal Coulibaly semblent des évidences, d'autres méritent d'être vus ou revus – Killian Hayes, Théo Maledon, Nadir Hifi à la mène, Ousmane Dieng, dont le profil plaît au staff, Alexandre Sarr... Dans la saison à venir, il n'y aura qu'une fenêtre internationale, en février 2024.

Heurtel – Embiid, dossiers clivants

La réinvention passera aussi par la gestion plus politique des dossiers Thomas Heurtel et Joel Embiid. L'absence du premier, décisif dans les matchs couperets des deux dernières phases finales, s'est vue comme le nez au milieu de la figure, même s'il est illusoire de croire que le joueur de Saint-Pétersbourg, sous contrat jusqu'en 2025 en Russie, aurait colmaté toutes les brèches. Un cas embarrassant puisque la fédération sera critiquée, quelle que soit sa position.
Il est probable qu'il en aille de même concernant Joel Embiid. À l'été 2023, le MVP de la NBA n'avait toujours pas tranché sur sa nationalité sportive (Team USA, Cameroun ou France ?), faisant tourner les Bleus en bourrique en renonçant une nouvelle fois à intégrer l'équipe.

Et à la fin, c'est l'Allemagne qui gagne

Après s'être payé le scalp de Team USA, l'Allemagne, invaincue dans le tournoi (8-0), a décroché son premier titre de championne du monde.

Le MVP

Schröder, nouveau chancelier

« Ç'a été un long voyage... » Quelques minutes après le sacre, quand Dennis Schröder évoquait le parcours de l'Allemagne, c'était comme s'il parlait de son propre chemin. Dix ans d'équipe nationale, à tenter de la porter. Il s'y est mal pris, souvent, trop impétueux. Mais succéder à Dirk Nowitzki n'est pas tâche aisée. Surtout pour un joueur aussi éloigné du grand blond ayant tout du gendre idéal, par le poste, le caractère, les origines (le père de Schröder est allemand et sa mère gambienne).
Alors que sa carrière NBA s'embourbait, que la Coupe du monde 2019 avait symbolisé son échec en tant que leader, le meneur a fini par savoir porter le costume après l'arrivée de Gordon Herbert sur le banc. « Ma première décision a été de nommer Dennis capitaine », dit le coach. Et le joueur supersonique a dès lors réussi à entraîner les autres dans son sillage.
Son quart de finale raté (4/26 au tir) a été gommé par sa maîtrise du tempo face aux États-Unis (17 points et 9 passes) et sa partition remarquable en finale (28 points et une défense harassante sur Bogdan Bogdanovic). En conférence de presse, alors que Schröder était interrogé au sujet de... Nowitzki, Herbert prit la parole : « Avec tout mon respect pour lui, Dirk est le passé. Dennis, c'est le présent. Il est temps qu'il ait le respect qu'il mérite en Allemagne. » Un pays qu'il a porté sur le toit du monde.

Dennis Schröder
a mené les siens sur le toit du monde.

Les premières gorgées ont été prises dans le vestiaire, et Gordon Herbert continue de descendre sa canette en conférence de presse d'après-finale. « J'adore les Philippines, mais il leur faut de meilleures bières ! » Si le coach est ivre, c'est d'un cocktail d'émotions. Le bonheur l'a envahi, à tel point que peu après le coup de sifflet final, il s'est laissé glisser, assis, par terre. Comme exténué, hébété. Il vivait là « le deuxième meilleur moment » de sa vie, après la naissance de ses enfants, a-t-il précisé.
Le voici champion du monde, quatre jours après être passé à un tir (celui de Davis Bertans à l'issue du quart de finale remporté 81-79 par l'Allemagne face à la Lettonie) de l'élimination. Il faut un peu de chance, aussi, pour faire un champion. Mais bien d'autres ingrédients sont nécessaires.

Une force collective équilibrée

Dès le 2e match, en matant l'Australie (85-82) malgré l'absence de Franz Wagner, Dennis Schröder et sa bande avaient envoyé un message : après avoir manqué la finale de l'Euro 2022 qui leur tendait les bras avant que l'Espagne ne renverse la situation, les Allemands ont démarré l'été en conquérants. Et leur demi-finale, face aux États-Unis (113-111, 58 % aux tirs, 30 passes décisives), figure parmi les plus belles partitions offensives vues en FIBA au cours des dernières années.
Ce groupe dégageait une force collective, née d'un équilibre. Celui des mondes (quatre joueurs venant de NBA, six d'Euroleague), celui des générations (des garçons autour de la barre des 30 ans rejoints par les frères Wagner, Franz, 22 ans, et Moritz, 26), celui des caractéristiques : à sa disposition, Herbert avait tout à la fois de l'expérience, du shoot, de la taille, une alternance entre jeu intérieur et extérieur. « Nous étions une équipe avant tout, avec des individualités », résume Herbert.
L'Euro 2022 (terminé bronzé) marquait la première étape d'un plan de trois ans. La Coupe du monde était « l'année 2 », dixit le sélectionneur. Dans le viseur pour l'avenir : Paris 2024. Aux Jeux olympiques, l'Allemagne n'a jamais dépassé les quarts de finale. Le plan des Allemands est censé les mener bien plus haut.

À l'arrière, toute !

Le cinq idéal de la compétition est composé de cinq extérieurs.

Dennis Schröder (Allemagne) – MVP
19,1 points et 6,1 passes
Le meneur de l'Allemagne est devenu son leader. Il a forcé contre la Lettonie en quart (4/26 !) mais a parfaitement tenu la barre ensuite. Depuis Kevin Durant en 2010, personne n'avait marqué autant que lui en finale d'une Coupe du monde (28 points).

Bogdan Bogdanovic (Serbie)
19,1 points, 4,6 rebonds et 3,3 passes
Pas de Nikola Jokic, ni de Vasilije Micic ? Pas de problème. L'arrière est le chef de file de la Serbie, suivi par ses coéquipiers, défié par les fans. L'arrière froid comme une lame a décroché sa 4e médaille d'argent après le Mondial 2014, les JO 2016 et l'Euro 2017.

Shai Gilgeous-Alexander (Canada)
24,5 points, 6,4 rebonds et 6,4 passes
Sa première en FIBA fut une démonstration : de talent, de facilité apparente. Dans le match pour le bronze, il a compilé 31 points, 6 rebonds, 12 passes, 40 d'évaluation. Réaction de Steve Kerr, le coach américain : « On a tout tenté sur lui, en vain… »

Anthony Edwards (États-Unis)
18,9 points et 4,6 rebonds
Attendu comme le leader offensif de Team USA, il a assumé ce statut. Même s'il n'a pu empêcher l'élimination en demi-finale face à l'Allemagne, ses actions d'éclat dans le dernier quart-temps ont failli renverser la situation.

Distinctions

Le 2e cinq

Arturs Zagars (LET)
Franz Wagner (ALL)
Simone Fontecchio (ITA)
Jonas Valanciunas (LIT)
Nikola Milutinov (SER)

Le meilleur défenseur
Dillon Brooks (CAN)

Le meilleur jeune
Josh Giddey (AUS)

Le meilleur coach
Luca Banchi (LET)

Luka Doncic (Slovénie)
27,0 points, 7,1 rebonds et 6,1 passes
Meilleur marqueur de la compétition, il s'est démené pour porter son équipe, qui vit et meurt par sa « Luka-dépendance ». En quart face au Canada, il a dû abandonner les siens dès la 34e minute, coupable d'une 2e faute technique. « Je dois être meilleur dans le contrôle de mes émotions », a-t-il reconnu.

Le monde ne leur appartient plus

Quatrièmes de la Coupe du monde, après avoir terminé septièmes de l'édition précédente, les États-Unis n'avaient plus été absents du podium deux fois de suite depuis 1970.

Anthony Edwards n'a pas réussi à guider les Américains vers la victoire.

Le timing est amusant. En pleine Coupe du monde, l'Américain Noah Lyles, roi mondial du sprint, critiquait la NBA où, pendant longtemps, l'équipe sacrée s'affichait comme championne du monde. « Champion du monde de quoi ? » s'est amusé Lyles. La suite a souligné ses propos. Team USA, d'abord écartée de la route du titre par l'Allemagne (111-113) en demi-finale, a été privée de podium par le Canada (118-127).
« Nous ne sommes plus en 1992, rappelait Steve Kerr après l'Allemagne. Partout dans le monde, les joueurs, les équipes sont meilleurs. Ce n'est pas facile de gagner une Coupe du monde ou des JO. » Surtout quand votre équipe manque d'intérieurs, de défense et d'expérience FIBA ; les 12 joueurs découvraient la scène internationale. La continuité, un mot-clé ne figurant plus dans le dictionnaire de Team USA.
Pour la première fois depuis 1992, l'effectif ne comprenait aucun membre des All-NBA Teams de la saison écoulée. Avec cette grille de lecture, leur échec ne choque pas. En 2008 puis 2012, Team USA avait eu besoin de ses superstars (Kobe Bryant, LeBron James, Dwyane Wade...) pour venir à bout, difficilement et au prix d'exploits individuels de ses superstars dans les instants décisifs, de l'Espagne. En 2021, il a fallu un immense Kevin Durant pour vaincre la France. En clair : les meilleurs joueurs sont devenus indispensables à la victoire.
Dès Manille, les regards se sont braqués sur Paris, les Américains considérant les Jeux comme une compétition majeure au contraire de la Coupe du monde. Selon *The Athletic*, LeBron James serait prêt à disputer ses quatrièmes JO, et aurait convaincu Stephen Curry, Kevin Durant ou encore Anthony Davis de le suivre. Quadruples champions olympiques en titre, les États-Unis seront favoris. Encore. De façon logique. Mais le monde entier sait qu'ils ne sont plus imbattables.

Ludovic Vaty (1988-2023)

C'était « Ludo » Vaty

L'ex-international s'est éteint à 34 ans des suites d'un accident cardiaque à l'entraînement, à Toulouse, le 1er septembre.

« On a joué pour notre frère. On a joué pour Ludo. » Les mots ont eu du mal à sortir pour Nicolas Batum, quand la tragique nouvelle est arrivée aux oreilles du capitaine des Bleus. La France sortait d'une victoire face à l'Iran en match de classement de la Coupe du monde (82-55). Une chape de plomb s'était posée sur un groupe France déjà déboussolé, et qui venait d'apprendre la mort imminente de l'un des siens. Placé dans un coma profond, maintenu en vie quelques jours grâce à un cœur artificiel, en attendant que ses proches puissent se réunir autour de lui, l'ancien international Ludovic Vaty (9 sélections) s'est finalement éteint le 1er septembre. L'intérieur natif des Abymes (Guadeloupe), comme les frères Pietrus, avait 34 ans. Il était père de deux enfants, et le pivot (2,06 m) venait d'être emporté par une crise cardiaque survenue à l'entraînement avec son club du TOAC (Toulouse, N2). Une récidive, dix ans après un premier accident qui l'avait contraint à mettre sa carrière entre parenthèses et à dire adieu au plus haut niveau. Il était revenu au jeu, quelque temps plus tard, avec l'aval médical, dans des divisions inférieures.
« C'est tragique, dit Vincent Collet, sélectionneur des Bleus. Je me souviens bien de Ludovic, quand il jouait en Pro A. Je ne sais pas quoi dire devant un tel drame. C'est sa passion qui, quelque part, l'a emporté, parce qu'il avait un amour profond du basket. On ne parlait pratiquement que de ça. Tu penses à sa famille. Nicolas Batum est né la même année. Cela te ramène à la fragilité de la vie... »
Avec Batum, mais aussi Antoine Diot, Edwin Jackson, Adrien Moerman, ou Alexis Ajinça, Vaty, éminent membre de la génération 1988, avait été sacré champion d'Europe U16 en 2004 et U18 en 2006. Appelé plusieurs fois aux stages de préparation de l'équipe de France A, il semblait promis à une carrière brillante.
« C'était très compliqué de jouer quand on a su, reprend Batum. Je n'étais pas apte mentalement, pas concentré à 100 %. Tu penses à sa mère, ses enfants. On a vécu tellement de choses. Ludo, c'est le frangin, notre roc, notre pivot aux mains en or. S'il n'avait pas eu ce problème, il aurait dû faire une grande carrière. Il avait le talent pour, il était parti pour. Depuis qu'on sait, on est nous tous, tous les membres de la team 1988, joueurs et coachs, ensemble sur un groupe WhatsApp, pour se soutenir. Dans ces moments-là, le basket devient secondaire. »

Avec son trophée de MVP de la Leaders Cup, remportée avec Gravelines en 2013.

Bronze amer

Après cinq finales de rang à l'Euro, et alors qu'elles visaient ouvertement l'or, les Bleues ont été dominées par la Belgique en demi-finale.

Palmarès

Les 10 derniers vainqueurs

2023	Belgique
2021	Serbie
2019	Espagne
2017	Espagne
2015	Serbie
2013	Espagne
2011	Russie
2009	France
2007	Russie
2005	République tchèque

Les Bleues après la remise des médailles (ci-contre).

Sandrine Gruda tente de passer Kyara Linskens (ci-dessus).

« On peut vraiment faire mieux, sélectionneur compris. »

Sandrine Gruda

La stat

12

Le bronze récolté en 2023 est la 12e médaille française dans l'histoire de l'Euro féminin.

« On n'a pas dormi. » Évoquant cette nuit du 24 au 25 juin, Valériane Vukosavljevic parle en son nom et en celui de ses coéquipières. Des heures passées à penser, ruminer, ressasser telle perte de balle, tel oubli défensif. Cette fin de match, cette ultime action, quand Marine Fauthoux, empêtrée dans la défense belge, a perdu la balle. La France s'est inclinée face à son voisin sans être parvenue à tenter un dernier tir (63-67 au final). Symbole d'une équipe qui, tout au long du championnat d'Europe, avait semblé tâtonner offensivement.

Surtout, ce revers est intervenu là où les Bleues ne l'avaient plus croisé depuis plus d'une décennie : en demi-finale. Après cinq finales de rang (toutes perdues) de 2013 à 2021, les Françaises n'ont cette fois pas atteint l'ultime étape, alors que c'était « l'été », à en croire les grandes déclarations de la fédération et du staff les mois ayant précédé le tournoi. Celui où enfin, l'équipe devait reconquérir l'or.

Quarante-huit heures heures après cette défaite, l'équipe a su se remobiliser pour écarter la Hongrie (82-68) et grimper sur la troisième marche du podium. Une 8e médaille de suite, qu'il ne faut pas banaliser et souligne une constance remarquable au haut niveau. Reste que les Bleues rêvaient d'un autre métal.

Au contraire de la Belgique, ultra-hiérarchisée (p. 57), la France a semblé ne pas savoir sur quel socle se reposer. Presque comme si sa force, la densité de son effectif, devenait une faiblesse, à trop diluer temps de jeu (neuf joueuses entre 17 et 23 minutes de moyenne) et responsabilités, jusqu'à ne plus savoir à qui donner les ballons chauds.

Sandrine Gruda, qui fêtait ses 36 ans le jour des finales, aurait préféré disputer la grande affiche plutôt que celle pour le bronze. Encore une fois élue dans l'équipe-type de la compétition, elle a guidé l'attaque tricolore avec 10,2 points par match : la plus petite moyenne parmi les meilleures marqueuses de chacune des seize nations engagées.

Les absences d'Alix Duchet (blessée) et surtout de Gabby Williams (commotion cérébrale) peuvent expliquer en partie le déficit de créativité, tout comme le coup à l'épaule reçu par Iliana Rupert en pleine compétition n'a pas aidé à la stabilité. Des faits, pas des excuses, mais qui n'exonèrent pas d'une remise en question, du jeu proposé et des choix effectués, comme celui de se passer de Marine Johannès (p. 56).

« Oui, pour moi, ce serait un échec, et je n'aurais pas peur d'en assumer les conséquences derrière », disait Jean-Aimé Toupane en amont de la compétition quand lui était demandé si tout autre résultat que l'or serait synonyme d'échec. Le sélectionneur, taclé à l'issue de la compétition par Gruda au micro de beIN Sports – « Tous, à nos niveaux, on peut vraiment faire mieux, sélectionneur compris » –, a nuancé son discours une fois le bronze autour du cou. « On a parlé d'or, moi le premier. Mais Paris ne s'est pas fait en un jour. C'est déjà une bonne base pour construire. L'échec serait de ne rien avoir. »

Conforté par le président fédéral Jean-Pierre Siutat pour les Jeux de Paris, Toupane, pour faire progresser son groupe, pourra utiliser la fenêtre internationale de novembre (qualificative pour l'Euro 2025), le tournoi de qualification olympique de février (auquel les Bleues, bien que qualifiées d'office en tant que pays hôte, participent tout de même) et une préparation depuis début juin, la fédération ayant revu le calendrier LFB de façon à ce que la finale ne se prolonge pas au-delà du 19 mai. Le défi est grand : les Bleues ont terminé médaillées lors de deux des trois derniers JO (argent en 2012 et bronze en 2021).

Le flop

592 spectateurs

C'est l'affluence moyenne enregistrée lors de cet EuroBasket disputé en Israël et Slovénie. Dans la Stozice Arena de 12 000 places, le record – façon de parler – de la compétition fut de 1 691 spectateurs pour la finale. Quelques jours plus tôt, le match France – Grande-Bretagne avait attiré 100 personnes.

Johannès à quai

Parce qu'elle voulait effectuer un aller-retour à New York afin de parapher un contrat avec sa franchise WNBA, l'artiste des Bleues a été privée d'EuroBasket.

Cruel timing. L'EuroBasket achevé depuis quelques heures seulement, le New York Liberty publiait sur la toile des actions d'éclat de Marine Johannès en WNBA. Pendant que l'équipe de France échouait dans sa quête de l'or, l'arrière aux 108 sélections sous le maillot bleu faisait le bonheur des fans américains. Les supporters français, eux, pataugeaient dans une incompréhension nappée de colère.

« La DTN a informé dès février de la nécessité de prendre part à l'intégralité de la préparation à l'Euro », a indiqué la fédération en présentant sa liste de 12 pour l'Euro. Sans Johannès, partie signer un contrat à New York. Elle aurait pu intégrer le groupe le 1er juin, juste après le début de la préparation, fin mai, mais Jean-Aimé Toupane n'a pas fléchi. « Pour jouer une compétition comme l'Euro, il faut du temps, ensemble. On avait 12 entraînements. Tout était connu des joueuses. » Circulez, y a plus de Marine à voir.

« Elle demande une semaine pour gérer un truc contractuel... Qu'on lui mette un ultimatum, pour une gamine qui depuis ses 15 ans n'a pas loupé une seule fois l'équipe de France, je trouve ça extrêmement dégueulasse ! » a réagi le capitaine des Bleus Nicolas Batum au micro de First Team.

Le résultat de la stricte application de la politique fédérale ? Les Bleues ont perdu l'une de leurs stars, ainsi qu'une occasion de préparer Paris 2024. Pour les Jeux, la FFBB a confirmé que la participation serait fermée aux joueuses disputant la prochaine saison WNBA. D'ici là, reste à renouer le lien avec Johannès.

Rachid Meziane : « Une génération exceptionnelle ! »

Assistant chez les Bleues de 2014 à 2021, non reconduit puis devenu sélectionneur de la Belgique en 2022, l'entraîneur français, également finaliste LFB avec Villeneuve-d'Ascq, a mené les Belgian Cats au premier titre de leur histoire.

Au lendemain du titre, vous disiez ne pas réaliser. Quelques mois plus tard, qu'en est-il ?
J'ai pris le temps de savourer. Dans l'euphorie, tu ne te rends pas compte de ce qui te traverse. Plus les messages de félicitations arrivent, plus tu réalises que tu fais partie des rares coachs champions d'Europe. Et puis quand tu regardes dans le rétroviseur, tu es plus satisfait encore car tu as remporté le titre en battant la Serbie, la France et l'Espagne.

Qu'avez-vous fait de votre médaille ?
Elle est souvent dans mon sac à dos, parce qu'il y a des gens qui me sollicitent pour la voir *(il rit)* ! Ça permet aussi de faire vivre encore le moment, de le prolonger un peu.

Quand avez-vous senti que vous aviez les moyens de remporter l'or ?
Deux temps forts me viennent à l'esprit. Notre dernier match de préparation contre l'Espagne, où on rivalise 35 minutes sans Emma Meesseman ni Kyara Linskens. Ensuite, dès nos premières actions de la compétition, contre Israël, je sais que j'ai une équipe qui veut aller au bout. On aurait pu se contenter de gagner de 15 points, mais on a fait ce qu'il fallait pour montrer plus (108-59 au final).

À votre prise de fonctions, en novembre 2022, quel avait été votre diagnostic sur cette équipe ?
C'est une équipe avec une génération exceptionnelle, qui avait besoin d'une hiérarchie. Julie Allemand, Julie Vanloo, Emma Meesseman (MVP), Kyara Linskens, et autour de ce quatuor ultra-performant, Antonia Delaere, la pièce maîtresse pour apporter du liant, plus des joueuses sorties du banc qui ont pris leur rôle à cœur et bonifié l'équipe. Ç'a été beaucoup de management, leur faire comprendre qu'on était capables d'aller plus haut. Les dirigeants m'avaient dit : « attention, il ne faut pas crier sur tous les toits qu'on veut être champions ! » Si, il faut montrer qu'on a de l'ambition. Bien sûr garder l'humilité, mais c'était important que les filles prennent conscience qu'on était en mesure de soulever ce trophée.

De retour en France, vous parle-t-on plus du titre ou de la victoire en demi-finale face aux Bleues ?
70 % des gens me parlent de ce match. Les connaisseurs vont me parler du jeu, d'autres de revanche. Mais je n'ai pas de revanche à prendre. J'ai passé énormément de bons moments en équipe de France, une aventure que je ne pourrai pas oublier. 2014 à 2021, c'est beaucoup de temps, j'ai pu profiter et donner également à cette sélection. Je lui souhaite le meilleur... mais quand je l'affronte, j'ai envie de la battre *(rire)* !

Ce titre vous donne-t-il de grands espoirs pour Paris 2024 ?
Je fais la différence entre compétitions continentales et intercontinentales. Aux JO ou Coupes du monde, on a souvent États-Unis, Canada, Australie, Chine qui performent. On va y aller avec l'ambition de faire un résultat, un podium. Mais d'abord, il va falloir se qualifier ! Seul l'organisateur et le champion du monde sont directement présents. Il faudra déjà sortir du TQO.

L'été de tous les records

Les huit équipes dans le carré final, six terminant avec une médaille (record national), dont trois se parant d'or : les équipes de France de jeunes ont séduit.

U20 garçons
Kamardine après Albicy et Westermann

Après 2010 (Andrew Albicy, Paul Lacombe, Nicolas Lang...), la France a décroché son 2e titre dans la catégorie. Les joueurs de Guillaume Vizade ont pratiqué un basket moderne tout au long de leur campagne, achevée par un thriller face à Israël (89-79 après prolongation). Ilias Kamardine, leader technique plein de sang-froid, est devenu le 3e Français MVP U20 après Andrew Albicy et Léo Westermann. Maxime Raynaud (2,16 m), étudiant à Stanford et proche de Victor Wembanyama, a également impressionné (14 points de moyenne en 22 minutes, 7/8 à 3 points).

U20 filles
Carla Leite, MVP

Il a fallu passer par un trou de souris (84-83 après prolongation contre l'Italie en quart) avant que la route ne se dégage : +28 face à l'Espagne, +26 contre la Lettonie. Les filles d'Élise Prod'homme ont terminé meilleure attaque de la compétition, notamment grâce à la parfaite tenue de leur meneuse. Élue meilleure jeune de LFB avec Tarbes, Carla Leite a poursuivi sur sa lancée en étant distinguée MVP de l'Euro (18,4 points, 4,3 passes). L'impact d'Inès Debroise, les tirs de Sara Roumy et les rebonds d'Oumou Diarisso ont aussi compté.

U16 filles
Risacher, 3e !

Après Stéphane, le père, et Zaccharie, le fils, dans la famille Risacher, voici Aïnhoa, la fille. Atteignant 1,87 m à tout juste 16 ans, l'ailière au profil complet a été sacrée MVP de l'Euro (11,7 points, 4,7 rebonds et 3,9 passes), qu'elle a remporté pour la 2e année de suite. À ses côtés, un autre phénomène s'est présenté : Emma Broliron, 14 ans, née en décembre 2008, fut décisive contre l'Italie en demie (17 points) et l'Espagne en finale (9 points et 7 passes).

U19 garçons
Si près du rêve

Ils sont devenus la première sélection française de jeunes à vaincre Team USA (89-86 en demi-finale), mais les Bleuets de Lamine Kébé ont échoué à être les premiers champions du monde tricolores. Le coupable : l'Espagne, évidemment (69-73 après prolongation). Les U19 se sont appuyés sur un duo majeur : l'explosif ailier Melvin Ajinça (2e marqueur du tournoi avec 19,3 points), et l'efficace pivot Zacharie Perrin (15,4 points, 10,9 rebonds), élu dans l'équipe-type. Le profil d'Alexandre Bouzidi et le potentiel d'Alexandre Sarr, entre autres, ont également séduit.

U19 filles
Le carton de Lacan

Les États-Unis, en demie, et le Canada, pour le bronze, se sont révélés supérieurs. Mais ce n'est que la deuxième fois que la France rallie le carré final de cette compétition, et l'absence de médaille n'a pas empêché Leïla Lacan de figurer dans le cinq idéal. Après avoir décroché le bronze à l'Euro senior, la meneuse a enchaîné avec les U19 et tiré un feu d'artifice face au Japon en quart (80-78 après prolongation) : 36 points à 6/10 à longue distance !

Carla Leite (ci-dessus), championne U20 et MVP, tout comme Ilias Kamardine (à gauche).

Le bilan de l'été

Une moisson historique

U16 garçons	Euro	3e
U16 filles	Euro	1er
U18 garçons	Euro	4e
U18 filles	Euro	2e
U19 garçons	Coupe du monde	2e
U19 filles	Coupe du monde	4e
U20 garçons	Euro	1er
U20 filles	Euro	1er

NBA – Denver champion

Nikola Jokic et ses Nuggets
paradent après le premier titre de l'histoire de Denver.

HEAT
31
ADEBAYO
13
DENVER
15
15
VINCENT
CALDWELL-POPE

Les nouveaux Spurs ?

Le premier titre de l'histoire des Nuggets a couronné une superstar (Nikola Jokic), un duo (avec Jamal Murray), un collectif. Et souligné la philosophie, aux antipodes des « Super Teams », d'une franchise basée sur la continuité.

Le Miami de Bam Adebayo n'a pas su faire dérailler le collectif de Denver.

Ce Joker-là souriait pour de vrai. Au contraire du personnage de fiction des comics américains à l'hilarité créée par le maquillage, Nikola Jokic s'est présenté à la foule de Denver avec le visage naturellement irradié de plaisir. Perchés sur des camions de pompiers, les Nuggets fendaient la foule pour célébrer leur sacre, et leur leader, qui, le titre à peine décroché déclarait son intention de rentrer le plus rapidement possible en Serbie, était finalement heureux de vivre ce moment. « Vous savez que je ne voulais pas rester pour la parade, commença-t-il, micro en main, devant cette marée humaine. Mais c'est le plus beau jour de ma pu**** de vie ! Ce titre est pour vous. On t'aime, Denver ! »
Sur son tee shirt, un message : « We came, saw, conquered ». Un « veni, vidi, vici » made in Colorado, qui illustre la domination des Nuggets en play-offs mais tranche avec l'histoire de ce groupe construit patiemment, pendant près d'une décennie, et de cette franchise qui courait après sa première finale depuis son arrivée en NBA en 1976.

Un noyau dur depuis 2015

15 juin 2015. Six mois après s'être fait virer de Sacramento pour sa première expérience de coach principal, Mike Malone prenait place sur le banc de Denver. Voilà huit ans qu'il officie là, une longévité actuellement dépassée seulement par Gregg Popovich à San Antonio, Erik Spoelstra à Miami et Steve Kerr à Golden State. 2015 marque également l'arrivée dans le Colorado de Jokic, 41e choix de la draft l'année précédente. Suivront Jamal Murray (7e choix en 2016) et Michael Porter Jr (14e en 2018). Le coach, le MVP, le super lieutenant, la troisième lame : ce quatuor a grandi ensemble et symbolise la vision du front office.
À l'ère des Super Teams, où les All-Stars sont prêts à des associations parfois contre-nature pour gagner, Denver a misé sur le développement des produits locaux. Un véritable choix des dirigeants. Pendant les 539 jours d'absence de Murray sur blessure, ils ont fait le dos rond. Quand Porter Jr repassait par l'infirmerie, ils lui ont maintenu leur confiance. Et même quand s'est

Dans le rétro

1976, leur première finale… en ABA

Avant 2023, les Nuggets avaient déjà disputé une finale. C'était justement l'année de leur intégration à la grande ligue, en 1976, au moment où les deux grands championnats nord-américains, ABA et NBA, ont fusionné. Quelques mois avant cet événement fondateur, les ex-Denver Rockets, devenus Nuggets en 1974, avec dans leurs rangs David Thompson et Dan Issel, se retrouvaient face aux New York Nets d'un certain Julius Erving. Ce dernier, derrière ses 37,7 points, 14,2 rebonds et 5,3 passes de moyenne, menait les siens à une victoire sans discussion 4 succès à 2.

présentée l'opportunité, à l'été 2017, d'obtenir un triple All-Star, Kyrie Irving, ils n'ont pas voulu tout casser et se séparer de Murray, alors simple rookie.
« J'ai dit : Non, ne nous précipitons pas », a révélé Mike Malone dans *The Athletic*, ayant toutefois conscience que « le mot patience n'est pas beaucoup prononcé » dans le business qu'est la NBA. Pour autant, il constate que ses dirigeants, en 2018, après une troisième saison sans play-offs, ne lui montrent pas la porte. « Ils avaient vu quelque chose, senti un truc en Nikola, Jamal, moi. Et ils ont laissé ça arriver à maturité. »

Murray-Jokic comme Parker-Duncan
Privés de Murray lors des play-offs 2021 et 2022, les Nuggets ont repris en 2023 leur avancée là où elle s'était arrêtée en 2020 : en finale de l'Ouest face aux Lakers. Et ils ont éparpillé façon puzzle LeBron James & Co (4-0), comme ils avaient auparavant maté Minnesota (4-1) puis la Super Team de Phoenix (4-2). En finale, Miami (défait 4-1) n'a pu que constater ce qu'avaient subi les autres : c'était l'année des Nuggets, et nul n'avait le pouvoir de contrecarrer les plans de Jokic.

Palmarès

Les dix derniers champions

2023	Denver Nuggets
2022	Golden State Warriors
2021	Milwaukee Bucks
2020	Los Angeles Lakers
2019	Toronto Raptors
2018	Golden State Warriors
2017	Golden State Warriors
2016	Cleveland Cavaliers
2015	Golden State Warriors
2014	San Antonio Spurs

Les trois hommes forts de Denver, Nikola Jokic, Jamal Murray (ci-contre) et leur coach Michael Malone (ci-dessus).

Le Joker a régné sur les phases finales (30 points, 13,5 rebonds et 9,5 passes de moyenne), et son jeu, plus que l'expression d'une domination individuelle, a sublimé le collectif des siens. La filiation saute aux yeux de Mike Malone : Jokic est le Tim Duncan de sa génération. « Duncan était une superstar altruiste, je considère Nikola de la même façon. Il ne cherche pas à ce qu'on le regarde, il est presque gêné par l'attention qu'on lui porte. »

Sur pick and roll, la symbiose entre Jokic et Murray ramène également dix ans en arrière, quand un certain Tony Parker tournait autour de Duncan. La comparaison fut dressée en pleine finale par Kyle Lowry, le meneur de Miami. « Et je suis assez vieux pour avoir joué contre Duncan et Parker ! s'est-il amusé. Murray et Jokic sont létaux car ils peuvent marquer, passer et ils se trouvent très bien. » Le vétéran du Heat a payé pour savoir. Au Game 3, celui de la bascule, Denver a repris les commandes en Floride grâce à une performance inédite : le Serbe et le Canadien sont devenus les premiers coéquipiers à réussir deux triples-doubles à plus de 30 points (32 points, 21 rebonds, 10 passes pour Jokic, 34-10-10 pour Murray) dans un même match.

En dehors du parquet, d'autres éléments rappellent les Spurs : la volonté de discrétion de la franchise, sa continuité, son ouverture à l'international. Les Français en savent quelque chose : Tariq Abdul-Wahad, Johan Petro, Yakhouba Diawara, Evan Fournier, Joffrey Lauvergne, Axel Toupane et Petr Cornelie ont tous porté le maillot de Denver, qui détient aujourd'hui les droits sur Ismaël Kamagaté. Le Lituanien Arturas Karnisovas (ex-joueur à Cholet), dirigeant aux Bulls depuis 2020, officiait précédemment comme GM aux Nuggets, où il était arrivé en 2013. L'année où la franchise du Colorado a également embauché comme scout Rafal Juc, un Polonais de 21 ans dont la première draft a mené à Jokic.

Objectif doublé

« Nous ne sommes pas satisfaits. » C'était le message de Mike Malone après l'obtention du titre. La continuité a porté ses fruits, mais les Nuggets espèrent prolonger leur récolte. « Je ne crois pas que quiconque soit satisfait », a appuyé le GM Calvin Booth dans le *Denver Post*. « Ce n'est pas notre apogée. Je ne m'attends pas à ce que nous gagnions à chaque fois, mais nous devons essayer d'y parvenir. » L'homme a un modèle en tête : les Spurs, évidemment. « Pour leur manière de gérer leurs joueurs sur la durée, dans le succès à long terme et en se donnant de nombreuses, très nombreuses opportunités de gagner le titre. » Le Joker veut sourire encore.

La stat

42 Au palmarès, les Nuggets succèdent aux Warriors, qui avaient suivi les Bucks (2021), Lakers (2020) et Raptors (2019). Cinq franchises titrées en cinq saisons, une diversité plus connue en NBA depuis quarante-deux ans, en remontant à l'enchaînement Blazers 1977, Bullets 1978, Sonics 1979, Lakers 1980 et Celtics 1981.

Nikola Jokic

Le Joker, carte maîtresse et mystère

MVP de la saison en 2021 et 2022 puis des Finals en 2023, le Serbe (2,11 m, 28 ans) est définitivement entré dans la caste des plus grands. Et cette réussite n'a absolument rien changé à sa volonté de discrétion en dehors des terrains.

Même Luka Doncic n'a pas réussi. Le prodige slovène a essayé de convaincre Nikola Jokic d'ouvrir un compte Instagram, mais la réponse du Serbe fut sans équivoque : « Aucune chance que ça arrive. » À l'ère des réseaux sociaux, le pivot brille par son absence sur les différentes plateformes. Au virtuel et ses millions d'abonnés, il préfère le réel et son entourage resserré : sa famille, ses amis… et ses chevaux, dans son écurie de Sombor, sa ville natale. Là où, dès la parade du champion terminée, il s'est dépêché de rentrer, refusant de parler aux journalistes. « Il m'a dit : Papa, j'en ai assez de la médiatisation de ces derniers jours », a raconté son paternel, Bratislav.
« Il n'aime pas les projecteurs », a expliqué l'ancien GM des Nuggets, Tim Connelly, dans le *Denver Post*. Jokic l'atypique, dans sa personnalité, si éloignée des codes de l'époque, comme dans son jeu, à contre-pied des super-athlètes de NBA. Quand les autres sprintent et décollent, lui semble marcher et reste au sol, mais il prend tout le monde de vitesse et de hauteur grâce à sa vision du jeu.
Pour le titre de MVP, les votants, après l'avoir couronné en 2021 et 2022, se sont lassés en 2023, privilégiant Joel Embiid.
Mais dans la bagarre des play-offs, ce fut bien le Joker le dernier debout, compilant 30,2 points, 14 rebonds et 7,2 passes en finale.

MVP des punchlines

« Le seul muscle dont tu as besoin au basket, c'est ton cerveau. »

***Sports Illustrated*, 2017.**

« Je dormais quand les Nuggets m'ont drafté. Mon frère a appelé pour me le dire, j'ai décroché mais je n'écoutais pas vraiment. J'ai juste dit : Allez mec, je dors… J'ai raccroché, et j'ai entendu la nouvelle le lendemain matin. »
Inside The NBA, 2021.

« Sur le terrain, je suis patient car je ne peux pas vraiment courir vite. C'est ma seule option. »

En conférence de presse, play-offs 2020.

« Je ne suis pas sur les réseaux, je ne veux rien de ça. Je ne suis pas un mystère, je suis un homme comme les autres. Je ne pense pas que ce soit plaisant d'être une célébrité. Honnêtement, je préférerais que personne ne me connaisse plutôt que d'être connu de tous. »
Media day 2021 des Nuggets.

« Ils ont cru en un gros lard, et ça a marché. Ne pariez pas contre le petit gros ! »

Après le titre NBA.

« Frère, je suis bourré, je ne peux pas faire d'interview pour l'instant. »
Printemps 2022, à Nick O'Hayre, responsable des relations presse des Nuggets, qui lui disait qu'il était attendu pour donner une première réaction après avoir reçu son trophée de MVP dans son écurie de Sombor en Serbie.

« Mec, j'ai joué en Serbie… »

À un journaliste lui demandant, en novembre 2021, s'il avait été impressionné par les huées des fans à Miami.

« J'avais l'habitude de boire deux ou trois litres de Coca par jour et j'ai bu ma dernière canette pendant le vol vers les États-Unis. »
En 2022 à la télévision serbe au sujet de sa prise de conscience du travail à fournir à son arrivée sur le sol américain après la draft.

« Ça ne m'intéresse pas et je n'y pense même pas. J'espère qu'il fera beau, comme ça j'irai à la piscine. »

En 2023, à un journaliste lui demandant ce qu'il avait prévu pour l'annonce des résultats du trophée de MVP.

Jamal Murray

Comme une flèche

Le meneur des Nuggets, surnommé « Blue Arrow », a été plus qu'un lieutenant pour Nikola Jokic, une clé dans la conquête du titre pour les Nuggets.

Beaucoup l'avaient laissé dans sa bulle. Celle où en 2020, époque Covid et fin de championnat à huis clos à Orlando, Jamal Murray avait plané, signant plusieurs performances historiques en play-offs avec Denver (deux pointes à 50 points contre Utah, série où les Nuggets se sont imposés après avoir été menés 1-3).
Le meneur s'était arrêté en finale de conférence, puis, le 12 avril 2021, était victime d'une rupture des ligaments croisés du genou gauche.
Il aura eu besoin de deux années et deux campagnes de play-offs manquées pour redevenir lui-même : entendez le meilleur joueur NBA vierge de toute sélection au All-Star Game.
Murray a posé sa marque sur les finales NBA. Adepte de méditation et de « kung fu mental », formé par son père qui lui imposait des séries de pompes interminables dans la neige et le faisait shooter des lancers francs les yeux bandés par milliers, Murray a élevé son niveau en play-offs (de 20 à 26,1 points) et enchaîné les performances majuscules en finale.
Comme lors du match 3 où, la série contre Miami à égalité (1-1), celui qu'on surnomme « Blue Arrow » pour sa célébration à chaque panier décisif, a décoché ses flèches sans compter et imité son compère Nikola Jokic en signant un triple-double, à 34 points (10 rebonds et 10 passes), menant les siens à une victoire bascule (109-94).
Le tandem qui préside aux destinées de la franchise du Colorado – 56,1 points et 16,6 passes cumulés en play-offs – est instantanément entré au panthéon des grands duos de l'histoire aux côtés de Shaquille O'Neal et Kobe Bryant, Michael Jordan et Scottie Pippen, Kareem Abdul-Jabbar et Magic Johnson notamment.
Et Jamal Murray, à 26 ans, a sans doute enfin gagné le respect qu'il méritait.

La stat

4

Seuls quatre joueurs ont enregistré des moyennes dépassant les 26 points, 7 passes et 5 rebonds en play-offs et remporté dans le même temps le titre NBA : LeBron James (2016 et 2020), Michael Jordan (1991) et depuis 2023, Nikola Jokic et… Jamal Murray (26,1 unités, 7,1 assists, 5,7 prises).

Le parcours des combattants

Du play-in à la finale : jamais une équipe n'avait suivi un chemin aussi ardu. Jusqu'à ce que Jimmy Butler et sa bande sortent les muscles.

Coco Gauff n'a pas été surprise de voir Miami rallier la finale. La tenniswoman américaine avait été prévenue par Jimmy Butler en personne. Avant même le début des play-offs, l'ailier du Heat lui avait proposé des places pour l'ultime série. « Il ne m'a pas dit "si on va en finale", mais "quand on sera en finale" », a-t-elle précisé. Butler avait vu juste.

Pourtant, son équipe a failli manquer le train des play-offs. À trois minutes de la fin du play-in l'opposant à Chicago pour le 8e spot à l'Est, le Heat était dans les cordes. Il a fini par renverser la situation, s'offrant le droit de défier Milwaukee en phase finale. Un petit tour et puis c'en serait fini des Floridiens, annonçaient les pronostiqueurs.

C'était compter sans la culture de la gagne d'une franchise présidée par Pat Riley, d'une équipe coachée par le tacticien virtuose Erik Spoelstra, guidée par Butler et son énergie contagieuse, essaimant sur son lieutenant Bam Adebayo, les grognards Kyle Lowry et Kevin Love, et les sans-grade aux dents longues (Gabe Vincent, Caleb Martin, Max Strus...).

« Le play-in a été une bénédiction », a réagi Spoelstra au sujet de la mentalité de ses troupes, soudées. Malgré les blessures de Tyler Herro et Victor Oladipo, le Heat a croqué les Bucks (4-1), les Knicks (4-2) puis les Celtics (4-3, dominant le Game 7 à Boston), devenant la première équipe issue du play-in à rallier la scène des Finals. Une ascension finalement stoppée par les Nuggets, mais qui n'en fut pas moins vertigineuse.

LeBron James

38 388 points !

Chronologie

Recordmen d'hier à aujourd'hui

LeBron James est le 8e joueur à devenir le meilleur marqueur de l'histoire de la NBA. Le règne le plus long fut celui de Kareem Abdul-Jabbar (38 ans, 10 mois et 2 jours).

1946-1952 : Joe Fulks
1952-1958 : George Mikan
1958 : Ed Macauley
1958-1964 : Dolph Schayes
1964-1966 : Bob Pettit
1966-1984 : Wilt Chamberlain
1984-2023 : Kareem Abdul-Jabbar
Depuis 2023 : LeBron James

À 38 ans, le 7 février 2023, « l'Élu » a accompli la prophétie en devenant le meilleur marqueur de l'histoire de la NBA.

Il restait 10,9 secondes quand le ballon a traversé le cercle de la Crypto.com Arena de Los Angeles. Un fade-away de plus pour LeBron James. Un panier pour l'éternité. Le chronomètre s'est d'ailleurs arrêté pour célébrer le moment. Devant un public extatique, LBJ a levé les bras au ciel : il venait d'inscrire ses 35 et 36es points du soir, portant son total en carrière à 38 388, nouveau record. Le précédent, Kareem Abdul-Jabbar l'avait établi le 5 avril 1984. Huit mois avant la naissance de James. La rencontre fut interrompue plusieurs minutes pour permettre une cérémonie en direct.
Micro en main, LeBron a remercié sa famille, ses amis, tous ceux ayant « fait partie de cette aventure longue de vingt ans », ainsi qu'Abdul-Jabbar, présent à ses côtés pour symboliser le passage de flambeau. « LeBron a la carrière de quelqu'un qui était planifié pour dominer le jeu, et ça fait maintenant deux décennies que ça dure. Il faut le féliciter pour sa longévité et sa domination », a salué l'ancien pivot.
Puis le match a repris, James a inscrit un panier supplémentaire, les Lakers ont perdu, mais tout le monde s'en moquait. L'histoire venait de s'écrire.

Top 10 de l'histoire

Jusqu'où ira-t-il ?

	Joueur	Matchs	Points
1	LeBron James	1 421	38 652
2	Kareem Abdul-Jabbar	1 560	38 387
3	Karl Malone	1 476	36 928
4	Kobe Bryant	1 346	33 643
5	Michael Jordan	1 072	32 292
6	Dirk Nowitzki	1 522	31 560
7	Wilt Chamberlain	1 045	31 419
8	Shaquille O'Neal	1 207	28 596
9	Carmelo Anthony	1 260	28 289
10	Moses Malone	1 329	27 409

En play-offs

Déjà numéro 1

	Joueur	Matchs	Points
1	LeBron James	282	8 023
2	Michael Jordan	179	5 987
3	Kareem Abdul-Jabbar	237	5 762
4	Kobe Bryant	220	5 640
5	Shaquille O'Neal	216	5 250
6	Tim Duncan	251	5 172
7	Kevin Durant	166	4 878
8	Karl Malone	193	4 761
9	Jerry West	153	4 457
10	Tony Parker	226	4 045

En bref

1. Il a terminé une seule fois meilleur marqueur de la saison, en 2007-2008 (30,0 points).

19. Le nombre de saisons consécutives (toutes, sauf son année rookie) qu'il a terminées avec une moyenne de 25 points minimum. Un record, devant les onze années de suite pour Kevin Durant, Karl Malone et Jerry West.

27,2. Sa moyenne de points par match en carrière. La sixième de l'histoire (Michael Jordan est premier avec 30,1).

28,9. Sa moyenne de points en 2022-2023, à 38 ans, nouveau record pour un joueur de cet âge, dépassant les 23,4 unités de Kareem Abdul-Jabbar.

31,4. Sa plus haute moyenne de points sur une saison, en 2005-2006 à Cleveland.

40. Il est le seul joueur de l'histoire à avoir inscrit 40 points au moins une fois contre chacune des 30 franchises NBA.

Comparatif

James face à Kareem Abdul-Jabbar

Pour atteindre les 38 388 points et doubler Kareem Abdul-Jabbar, LeBron James a emprunté un chemin différent de son aîné. L'évolution du jeu est un facteur important, puisque le tir à 3 points n'a été introduit en NBA qu'en 1979, dix ans après l'arrivée dans la ligue de Jabbar, qui dans sa carrière en a inscrit un seul (en 18 tentatives).

Paniers	LeBron James	Kareem Abdul-Jabbar
2 points	11 815	15 836
3 points	2 237	1
Lancers francs	8 047	6 712

Bleus pâles

La colonie française de NBA a vécu une saison pénible, la pire de la décennie écoulée, en attendant l'arrivée de Victor Wembanyama.

La stat

9 En 2022-2023, neuf Français ont foulé les parquets NBA. Cinq de moins qu'un an plus tôt, plus faible nombre depuis dix ans. Le stigmate d'une influence en baisse sensible. Cette saison, les Frenchies ont totalisé 3 086 points en 8 810 minutes. En 2016-2017, les Hexagonaux cumulaient 6 119 points avec un temps de jeu cumulé de 15 395 minutes.

Evan Fournier (New York Knicks)
1,99 m, 30 ans, arrière
27 matchs, 6,1 points par match, pire moyenne depuis sa saison rookie

« J'avais la haine »

« Au début quand tu vas à la salle en sachant que tu ne fais plus partie des plans, tu as une boule dans le ventre. Tu veux cracher sur tout le monde. J'avais la haine. Derrick Rose et moi, on se regardait et on se disait : Mais qu'est-ce qu'on fout là ? Durant les 5x5, on était sur le côté comme des espoirs. Des moments pas cool. Et quand j'ai réalisé que ça ne changerait pas, j'ai pris les choses plus tranquillement. Je serais très surpris d'être un Knick l'an prochain. Je serais abattu, bloqué, et eux aussi. Ils me paient 18 millions, ils n'ont pas intérêt à me garder. À moins qu'ils ne veuillent payer une luxury tax de dingue. Je trouve ça un peu con. Si tu veux m'échanger avec un bon retour, pourquoi tu ne m'as pas utilisé ? Je sortais d'une saison où j'étais le quatrième meilleur shooteur de la ligue à 3 points (241 convertis à 38,9 %). Pourquoi ne pas en avoir profité ? Si je restais, ce serait une catastrophe, sportivement, pour ma carrière, tout. Un an sans jouer, je peux gérer. Deux… ce serait terrible. » Entretien à *L'Équipe*, été 2023.

Rudy Gobert (Minnesota Timberwolves)
2,16 m, 31 ans, pivot
70 matchs, 13,4 points (66 %), 11,6 rebonds, 1,4 contre, plus faibles moyennes ces cinq dernières années

Toujours les crocs

Le coup de poing adressé à son coéquipier Kyle Anderson en plein temps mort après une altercation, en fin de saison, a jeté un voile injuste sur la première campagne de Rudy Gobert à Minneapolis. Celle-ci s'est révélée correcte malgré un nouvel environnement, un tandem attendu avec Karl-Anthony Towns qui n'a jamais eu le temps de s'installer (26 matchs ensemble, 13-13), et une fin en eau de boudin – défaite 1-4 face au futur champion Denver au 1er tour. Mais ces Wolves ont du potentiel, une star en Anthony Edwards, et tous les ingrédients pour progresser, dont le triple défenseur de l'année (2018, 2019, 2021), qui, souvent critiqué pour son énorme contrat (205 millions de dollars sur cinq ans), aura beaucoup à prouver. Encore plus après un été en bleu loin de son standing.

Nicolas Batum (LA Clippers)
2,03 m, 34 ans, ailier
78 matchs, 6,1 points (39 % à 3 points), 3,8 rebonds, 1,6 passe

La dernière mission de « Batman »

Dans un effectif riche, il a tenu son rôle, profité des blessures (Kawhi Leonard, Paul George) qui ont plombé la saison des Clippers pour prendre plus de place et a fini dans le cinq majeur. Ses stats ne racontent pas son implication, son rôle de couteau suisse sur les planches comme de leader dans le vestiaire, ainsi que son lien indéfectible avec le coach Tyronn Lue. L'entraîneur l'avait sorti du marasme à Charlotte, où il songeait à prendre une retraite anticipée. Une saison conforme à ce qu'on peut attendre du capitaine des Bleus (même si on en aimerait toujours un peu plus), interrompue par Phoenix dès le premier tour des play-offs (1-4). Mais « Batman », qui espère toujours conquérir un titre, voit peu à peu la fenêtre se refermer.

Ousmane Dieng (à gauche) et Killian Hayes.

La relève dans l'impasse

Sa troisième année en NBA a rassuré sans convaincre pour **Killian Hayes** (22 ans), 7e choix de la draft 2020 qui a profité de la blessure de Cade Cunnigham pour jouer (76 matchs, 28 minutes, 10,3 points à 37 %, plus mauvais pourcentage de la ligue, dont 28 % à 3 points, 6,2 passes, une pointe à 28 points, meilleur total d'un Frenchy cette saison), mais sans faire la différence au sein du cancre de la ligue, Detroit (17-65). Son avenir reste très hypothétique chez les Pistons avec l'arrivée de Monty Williams. En « two way contract », **Théo Maledon** (22 ans) a enchaîné les allers-retours en G League, bouché les trous du côté de Charlotte (14e à l'Est) et finalement joué 44 matchs (19 minutes, 6,7 points, 29 % à 3 points, 3,5 passes). Son sort semble scellé avec la signature de **Frank Ntilikina** (25 ans), dont la saison à Dallas a ressemblé à un purgatoire (13 minutes, 47 matchs, 2,9 points, 1,2 passe), avant un retour en bleu prometteur stoppé par une blessure. **Olivier Sarr** (24 ans) n'est entré que dans 9 rencontres (13 minutes). Côté rookies, un peu d'espoir. **Ousmane Dieng** (20 ans, 11e de la draft 2022) en particulier, dont le profil plaît au staff de l'équipe de France, a livré une demi-saison avec Oklahoma City (39 matchs) et marqué des points pour la suite (4,9 points, 2,7 rebonds en 14 minutes). **Moussa Diabaté** (21 ans, LA Clippers), en « two way », s'est contenté du minimum (22 matchs, 9 minutes, 2,7 points, 2,3 rebonds) et de cartons en ligue de développement (15,9 points, 12,4 rebonds en 18 matchs).

L'œil de Jacques Monclar

« Ils y vont un peu tôt »

« L'observation générale, c'est qu'à l'exception de Rudy (Gobert), qui fait une bonne saison compte tenu de son changement d'environnement et de franchise, ce qui n'est jamais facile, personne n'a eu un rôle majeur, à part Nico (Batum), un peu, dans son registre.
Evan Fournier est dans une situation qui ressemble au jour de la marmotte (fête nord-américaine où l'observation du terrier d'une marmotte permet de déterminer la fin de l'hiver). Sa situation aux Knicks, c'est dur. Ç'a pu le pousser à vouloir en faire un peu trop, profiter de tout ce qui se présentait. Mais le reste…
Killian a eu des minutes et a montré des choses mais n'a pas eu une grande efficacité dans une équipe qui a beaucoup perdu. Il a même moins performé que Jaden Ivey, drafté après lui (5e en 2022), alors que Cade Cunningham était absent sur blessure (1er de la draft 2021). Être drafté 7e, 9e, c'est bien, mais si tu ne joues pas ou que tu n'avances pas… Théo Maledon va comme Killian être dans l'incertitude, tandis que Frank Ntilikina va vivre une année charnière à Charlotte. Si ça ne passe pas, il sera temps de rentrer pour lui.
C'est vrai qu'on observe un creux. Peu de Français vivent des aventures NBA qui vont loin. Dans des équipes moyennes ou irrégulières, il n'est pas évident d'exister. Il y a le facteur d'être au bon endroit au bon moment, une part de réussite. Mais le constat est qu'on a moins d'éléments qui jouent vraiment, à l'image de Joakim Noah, ou des Ian Mahinmi, Kevin Séraphin, solides back-ups essentiels dans une équipe. Là, on voit surtout des allers-retours en ligue de développement. Ils y vont sans doute un peu tôt, même si refuser des opportunités en NBA n'est pas facile. On peut espérer qu'outre Victor (Wembanyama), le cas Sidy Cissoko (coéquipier de Wemby chez les Spurs) annonce déjà un changement de température. Ousmane Dieng présente un profil prometteur avec une belle dimension physique. Espérons que cette année amorce quelque chose de durable. »

Jacques Monclar, ancien international (201 sélections) et consultant sur beIN Sports

Le bide Embiid

Le pivot désigné MVP de la NBA revêtira-t-il un jour le maillot bleu ? Après une nouvelle saison inaboutie pour ses Sixers, rien n'est moins sûr.

Le jeu en vaut-il vraiment la chandelle pour les Bleus ?

Cela ressemble à une mauvaise blague, dans laquelle s'est laissée sciemment embringuer la fédération française. Depuis 2018, la rumeur de voir Joel Embiid revêtir un jour le maillot bleu, enfle, bien aidée par les déclarations cryptiques de l'intéressé, dont la première remonte à un match NBA à Londres.
Seulement, les années passent et le pivot enfin désigné cette saison MVP de la NBA (2,13 m, 29 ans), malgré ses échanges répétés avec Boris Diaw, manager général des Bleus, et certains cadres de l'équipe de France depuis les JO de Tokyo, n'a toujours pas choisi entre ses trois passeports, camerounais, français (acquis en juillet 2022) et… américain.
Le joueur le plus dominant individuellement de la ligue nord-américaine (33,1 points, 10,2 rebonds, 4,2 passes en 2022-2023) était attendu cet été 2023 pour, en plus de montrer sa volonté réelle d'intégrer l'équipe, commencer à bâtir un collectif en vue des JO 2024 où il pourrait constituer une raquette létale avec Rudy Gobert et Victor Wembanyama.
Après une saison à promettre qu'il s'exprimerait… en fin de saison, Embiid n'a rien dit. Puis on a appris, de la bouche de Vincent Collet, le sélectionneur français, qu'il aurait décliné pour une raison difficilement recevable : son mariage. Entre-temps, Grant Hill, directeur exécutif de Team USA, a expliqué s'être entretenu avec le joueur pour le convaincre de rejoindre les rangs de l'équipe de Steve Kerr. Le Cameroun, lui, espère toujours.
Tous les ingrédients d'un soap opera bien à l'image du nouveau mélodrame qui a accompagné l'exercice 2023 de ses Sixers, où le « Process » n'a toujours pas abouti à un titre. La saison de Philadelphie s'est une nouvelle fois interrompue prématurément, après une défaite en demi-finale de conférence (3-4 contre Boston). Une déception doublée d'une nouvelle intersaison burlesque, puisque James Harden, l'autre superstar de l'équipe, a (encore) demandé un transfert.
Pour les Bleus, l'équation est désormais limpide : le jeu en vaut-il vraiment la chandelle ? La réponse se trouve probablement dans la question.

La danse des divas

Ja Morant exhibant des armes à feu, Kyrie Irving partageant des théories complotistes : les deux meneurs stars ont plus fait parler d'eux pour leurs frasques hors basket que pour leurs performances sportives.

Kyrie Irving, le « bouffon comique »

Au cœur de la tempête, Morant reçoit le soutien de Kyrie Irving, stigmatisant le rôle des médias et le « tribunal de l'opinion publique ». En matière de polémiques, l'octuple All-Star sait de quoi il parle. Sur les réseaux sociaux, il partage une vidéo d'un complotiste américain lourdement condamné par le passé et connu pour ses propos antivax. Le meneur relaye ensuite la promotion d'un film défendant l'idée selon laquelle les Noirs auraient été privés de leur identité par les Juifs Blancs européens. Dans la foulée d'une conférence de presse lunaire au cours de laquelle il ne clarifie pas sa position, il est suspendu cinq matchs par les Nets, dérangés par « l'incapacité de Kyrie à désavouer l'antisémitisme ».
En février, Brooklyn transfère Irving à Dallas. Au final, il aura manqué près de la moitié de ses matchs aux Nets, où il restera avant tout associé à ses prises de position troublantes. Et Kareem Abdul-Jabbar de conclure dans une chronique pour *The Guardian* : « Kyrie Irving serait considéré comme un bouffon comique s'il n'avait pas cette influence sur les jeunes qui admirent les athlètes. »

Ja Morant, le récidiviste

Le meneur de Memphis, chef de file de la nouvelle vague américaine, semblait voguer vers un avenir radieux. Tout a basculé en mars. Le 1er, le *Washington Post* révèle qu'un adolescent accuse Morant de l'avoir frappé. Quatre jours plus tard, il aurait été menaçant auprès d'un agent de sécurité. Puis au retour d'une défaite à Denver, en live Instagram depuis une boîte de strip-tease, il apparaît avec une arme à feu. Il écope de 8 matchs de suspension infligés par la NBA, et intègre un établissement de soutien psychologique en Floride.
De retour au jeu, il promet de « changer ». Résultat ? Après l'élimination en play-offs face aux Lakers, rebelote : une arme à la main lors d'un live Instagram… Cette fois, la sanction de la NBA grimpe à 25 matches de suspension, purgés par le meneur à l'ouverture de la saison 2023-2024, et l'obligation de suivre un programme d'accompagnement en amont. Réaction de l'intéressé : « Je promets que je vais m'améliorer. Je le promets. »

Le tanking

À qui perd gagne

Dans une ligue sans relégation où la draft tend à rétablir l'équilibre, certaines franchises optent pour une stratégie interdite, le « tanking » : perdre des matches, à tout le moins ne pas faire son maximum pour les gagner, par exemple en laissant des joueurs au repos, afin d'obtenir une meilleure place à la loterie. Dans la « course au Wemby », Spurs, Rockets et Pistons ont préféré développer leurs jeunes talents plutôt que se renforcer pour obtenir quelques victoires de plus.
Le tanking a touché jusqu'aux franchises plus haut placées. À Portland, Damian Lillard fut laissé sur la touche pour les dix derniers matchs. Le temps d'enchaîner neuf défaites. Officiellement, la star était touchée au mollet. Officieusement ? « Je ne dirais pas que c'est ma décision [de ne pas jouer] », a-t-il commenté.
De son côté, Dallas a terminé sur 12 revers en 16 rencontres. Les Mavericks se sont passé de cinq joueurs (dont Kyrie Irving) pour l'avant-dernier match, et de Luka Doncic pour le dernier. Ces ultimes revers ont permis aux Texans de terminer derrière les Bulls. Après enquête, la NBA a infligé une amende de 750 000 $ aux Mavericks pour avoir « miné l'intégrité » du sport.

Les Warriors, retour vers le futur

Après une saison compliquée achevée en demi-finale de conférence contre les LA Lakers, Golden State a échangé Jordan Poole et fait venir Chris Paul sur la baie dans l'espoir de redevenir candidat au titre.

« Nous serons différents la saison prochaine. Nous avons senti qu'il y avait besoin d'un changement. » En deux phrases, l'entraîneur de Golden State et de Team USA, Steve Kerr, a résumé la difficile saison des Warriors. Le noyau des quadruples champions NBA ces dix dernières années (2015, 2017, 2018, 2022), tristement sortis en demi-finales de conférence par les LA Lakers (2-4), ne changera pas : les Splash Brothers Stephen Curry – encore auteur d'une saison de niveau MVP, 29,4 points, 42,7 % à 3 points, 6,1 rebonds, 6,3 passes – et Klay Thompson, assistés du patron de la raquette et de la défense Draymond Green.

L'avenir, lui, prendra les traits familiers et inattendus d'un meneur de jeu de 1,83 m âgé de 38 ans. Chris Paul débarque en provenance de Phoenix sur la baie de San Francisco après deux nouveaux échecs dans sa quête d'une première bague, dans le cadre d'un échange qui envoie Jordan Poole à Washington. L'arrière aux cannes de feu, tout juste prolongé (123 millions de dollars sur quatre ans à partir de 2023-2024), incarnait autant le futur des Warriors que leurs soucis en 2023 – défense en lambeaux, manque de rigueur, balles perdues (16,3, moins de 15 la saison passée). Le joueur drafté 28e en 2019, trop instable, n'aura pas réussi à confirmer après avoir été un élément essentiel du sacre en 2022.

« On n'avait pas besoin d'un bouleversement, juste d'un shift. »

Steve Kerr, entraîneur des Warriors

« Il ne s'agit pas de critiquer une équipe qui a gagné un titre il y a un an et a connu un exercice difficile, confiait Kerr à *The Athletic* fin juin. J'adore le groupe qu'on a depuis deux ans. On n'avait pas besoin d'un bouleversement, juste d'un shift. On l'a fait sans renier notre identité. »
Cela reste à prouver sur le terrain. Mais le message est clair : outre les tensions nées d'une violente altercation en début de saison entre Poole et Draymond Green,

le cœur de la dynastie Warriors vieillit (Green et Thompson, 33 ans, Curry, 35) et n'a plus le temps d'attendre que le jeune premier arrive à maturité. Il faut gagner, et vite. Pour ce faire, Chris Paul coche les cases malgré son âge : expérience, tenue de balle, création, gestion du jeu, défense, une motivation intacte, ainsi qu'un contrat garanti seulement un an offrant de la flexibilité en cas d'échec de l'expérience.

Touchés par les blessures – Curry, Wiggins –, diminués par les départs de Gary Payton II (revenu en cours de saison) et Otto Porter Jr, les Warriors sont parvenus à disposer de vaillants jeunes Kings en arrachant le match 7 à l'extérieur. Contre les Lakers en revanche, ils n'ont jamais semblé eux-mêmes, tombant dans un basket stéréotypé limité à du pick and roll central, loin du jeu tout en mouvement qui a fait leur succès.

Chris Paul offrira à Curry un relais de choix et aux Warriors une variété d'options supplémentaires en attaque si son intégration est réussie. « On veut être compétitifs », dit simplement Mike Dunleavy Jr, nouveau manager général au sein d'un exécutif remodelé depuis le départ cet été de l'historique président et GM Bob Myers. « Quand on a été à notre meilleur, ajoute Kerr, cette équipe a toujours beaucoup et bien passé la balle, et eu des joueurs comprenant comment jouer avec Steph, le libérer en utilisant sa capacité à se glisser entre les lignes. On doit retrouver cette variété. »

Il le faudra pour concurrencer les champions Denver et les autres puissances de l'Ouest. S'ils y parviennent et résolvent leur problème récurrent d'un manque de densité dans la raquette, c'est toute la ligue qui pourrait trembler à nouveau.

Le cinq de l'année

Le monde au pouvoir

En attendant l'abolition des postes de jeu, à partir de l'année prochaine, dans la sélection du cinq de la saison en NBA, incluse dans le nouvel accord collectif entre la NBA et ses joueurs, impossible pour les USA de placer Joel Embiid et Nikola Jokic dans la même équipe. Nous ne nous en sommes pas privés pour cette sélection subjective des cinq éléments les plus dominants, qui ne compte cette saison aucun joueur né aux États-Unis.

Luka Doncic (Dallas, Slovénie)
32,4 points
8,6 rebonds
8 passes

Shai Gilgeous-Alexander (Oklahoma City, Canada)
31,4 points
4,8 rebonds
5,5 passes

Giannis Antetokounmpo (Milwaukee, Grèce)
31,1 points
11,8 rebonds
5,7 passes

Nikola Jokic (Denver, Serbie, champion NBA, MVP des finales)
24,5 points
11,8 rebonds
9,8 passes

Joel Embiid (Philadelphie, Cameroun / USA / France, MVP de la saison régulière)
33,1 points
10,2 rebonds
4,2 passes

Euroligue – Le hold-up du Real

Sergio Llull n'a inscrit que deux points en finale.
Ceux offrant son onzième sacre européen à Madrid.

BKT
0
Entain
FOUNDATION
55
SKWEEK
55

Le Final Four retrouvé

Après vingt-six ans d'une interminable attente – Asvel 1997 –, le championnat de France a retrouvé une place au Final Four. L'œuvre de Monaco, qui malgré son échec en demi-finale, a posé des jalons pour l'avenir.

Mike James, ici balle en main, face à Thomas Walkup, a retrouvé le Final Four après sa seule participation, en 2016, avec Vitoria.

Longtemps, le basket français s'est couché de bonne heure. Depuis près de deux décennies, il vivait les affres des printemps sans représentant sur la grande scène. Ses clubs se trouvaient éjectés dès la phase de poules de l'Euroligue (dernière apparition dans l'ex-Top 16 en 2007, le Pau d'un certain Gordon Herbert, champion du monde 2023 avec l'Allemagne). Avant que celle-ci ne l'exclue purement et simplement de sa nouvelle formule en 2016, jugeant les projets hexagonaux surannés et sanctionnant le parti pris de la FFBB pour la fédération internationale dans la guerre de pouvoir opposant les deux instances.

Et puis, la lumière est revenue d'un petit club situé à l'ombre d'un Rocher, dans les sous-sols d'un stade de football, qui évoluait toujours, il y a moins de dix ans, en Nationale 1 (3ᵉ division). Monaco, avec ses moyens peu à peu boostés par l'investisseur ukrainien Sergueï Dyadechko, avant qu'ils ne deviennent presque illimités avec la prise de contrôle de l'homme d'affaires d'origine russe Alexeï Fedorychev (« Hongrois et Monégasque », insiste-t-on en permanence du côté de la Principauté), a brisé la spirale.

Et voilà que le 19 mai 2023, l'Asvel de Gregor Beugnot de 1997 a trouvé son successeur. Trente ans tout juste après le premier et seul sacre européen de l'histoire du basket français, quand Limoges s'était posé sur le toit de l'Europe, la Roca Team marchait pas à pas aux côtés du Real Madrid, du FC Barcelone et de l'Olympiakos avec la même ambition.

Un rêve de vingt ans devenu réalité pour le coach serbe Sasa Obradovic, joueur de légende avec l'ex-Yougoslavie, coach passionné éduqué par les plus grands mais jusqu'ici privé de ce graal. Un homme qui a su faire d'une collection d'individualités une véritable équipe, capable de tancer le Real Madrid dans son antre en saison régulière (95-94 a.p., 28 points pour Mike James), de gérer les crises et l'ego extrême de son meneur US pour fédérer ses soldats autour d'un même objectif.

Le trou noir

27-2 le gadin

Quand Jordan Loyd a chipé la balle des mains de Sasha Vezenkov pour expédier Élie Okobo en contre-attaque (43-43, 26e), l'espoir était toujours permis. En réalité, Monaco venait d'inscrire ses seuls points du troisième quart-temps. Une période comme un abysse pour la Roca Team, un gouffre où les joueurs de Sasa Obradovic, revenus des vestiaires avec un matelas après une première mi-temps pleine de maîtrise (41-29), se sont enfoncés inexorablement. 27 à 2 : c'est la marque de la troisième période de la demie contre Olympiakos. Celle qui a sonné le glas pour les hommes de Sasa Obradovic. Un gadin comme le Final Four n'en avait jamais connu, difficile à analyser, tant de l'extérieur que pour ceux qui venaient de vivre l'impensable. Et même pour leurs adversaires ! « Incroyable. On est revenus acharnés en défense, mais je n'avais jamais pris part à un tel quart », soufflait Moustapha Fall, le pivot français des Reds, ancien Monégasque. « On a été ridicules, ne se cachait pas Élie Okobo. On marchait, on n'appelait plus les systèmes ». « C'est un black-out comme on en voit rarement à ce niveau, ajoutait Obradovic, sonné. J'ai essayé de casser la dynamique avec des temps morts, mais... »
Mais Thomas Walkup a livré un clinic défensif (0 point marqué, 7 passes sur la période). Et quand Isaiah Canaan, au retour des vestiaires, volait d'entrée le cuir à John Brown, l'euphorie ne quittait plus les Grecs, qui voyaient Giannoulis Larentzakis conclure sur un shoot à 10 mètres avec la planche pour s'envoler à 56-43, tandis que les Roca Boys n'entendaient que le « clang » de l'arceau (1/14 au tir). L'heure de Monaco était passée.

Après avoir atteint les play-offs dès sa première dans le grand monde l'an passé, étant passé à un cheveu de la finale à quatre, seulement coiffé sur le fil par l'Olympiakos (88-94) lors d'un match 5 épique au Pirée, Monaco a débarqué à Kaunas avec les crocs, et l'idée d'une savoureuse revanche puisque sur sa route se dressait le même adversaire, dominé deux fois en saison régulière.
Un signe du destin ? On a pu le croire une mi-temps, avec une entame parfaite de Mike James, Jordan Loyd, Élie Okobo (ci-contre) et consorts (41-29). C'était avant que le poids de l'(in)expérience et une inexplicable léthargie au retour des vestiaires (27-2 dans le troisième quart, voir ci-dessus) ne semblent lester leurs semelles de vent d'une chape de plomb scellant leur destin. Le MVP de la saison Sasha Vezenkov (photo de gauche, 19 points), le duo sacré ensemble en 2012 et 2013, Kostas Sloukas (9 points, 7 passes) et Kostas Papanikolaou (15 points, 8 rebonds), faisaient leur miel des doutes monégasques et portaient les leurs vers une victoire sans discussion (76-62).
Au final, la déception et la douleur venaient assombrir un week-end lancé à la perfection. « Oui, tout fonctionnait. On jouait du grand basket des deux côtés du terrain et rien n'annonçait la suite, soupirait Obradovic. J'avais dit avant le match qu'il n'y avait pas de raison qu'une défaite soit douloureuse, nous qui étions les plus inexpérimentés. Mais finalement, elle est amère. »
« L'expérience ne s'achète pas », résumait le manager général Oleksiy Yefimov dans les couloirs de la Zalgirio Arena, lucide et conscient que, depuis qu'il existe sous sa forme moderne en 1987, le Final Four n'a jamais sacré un nouveau venu.

« L'expérience ne s'achète pas. »

Oleksiy Yefimov, manager général de Monaco

La Roca Team a tout de même achevé son week-end sur une touche historique, en décrochant, sérieuse et appliquée (78-66), la 3e place face à un Barcelone totalement démobilisé suite à sa nouvelle déception face au rival madrilène lors d'une demi-finale perdue sur le même score (66-78). « C'étaient deux bêtes blessées, mais on l'était moins que le Barça, reconnaissait Sasa Obradovic. Finir troisièmes de l'une des Euroligues les plus relevées de l'histoire, c'est quelque chose. Et même si beaucoup ne respectent pas ce match, c'est le plus grand accomplissement de ma carrière. »
Seul Limoges s'était classé aussi haut auparavant (3e en 1990, vainqueur en 1993). Et cela rappelait au moins, au sortir d'un éprouvant mais riche week-end lituanien, que le basket français, derrière les projets monégasque et villeurbannais – conduit par Tony Parker –, en attendant peut-être un jour le Paris Basketball, a bien repris sa marche en avant.

Lanterne rouge

L'Asvel loin du compte

L'Asvel a vécu sa campagne la plus délicate depuis son retour en Euroligue en 2019. Malgré l'obtention de sa licence de membre permanent, le club de Tony Parker ne dispose pas encore de moyens suffisants pour se frotter aux meilleurs. Jamais vraiment en course pour les play-offs à partir de la phase retour, l'équipe coachée par TJ Parker a vécu une lente descente aux enfers tandis qu'elle essayait de sauver les meubles en championnat (victoire en Leaders Cup, finale de la Coupe). Trop d'erreurs de casting, un Nando De Colo (photo) esseulé et la blessure de Joffrey Lauvergne n'ont pas aidé. Mais Villeurbanne a fini par treize défaites de suite en Euroligue, et dernière du classement (8-26).

Sasa Obradovic

La prophétie du sorcier

Un temps sur la sellette, l'entraîneur a accompli l'une des plus belles saisons de l'histoire pour un coach du championnat de France.

Il a dû jouer les funambules toute la saison, écartelé entre son caractère en acier trempé et la gestion des ego d'une équipe hors norme. Qu'il le veuille ou non, l'avenir de Sasa Obradovic a toujours été lié à sa relation avec la caractérielle mais indispensable star Mike James.
Ainsi, le Serbe a-t-il été sur un fil, notamment au moment de la mise à l'écart momentanée du meneur US au mois de mars. Au prix de compromis permanents, jonglant entre ce qu'il devait/pouvait accepter de James et la place qu'il fallait préserver au reste d'un effectif XXL, il a fini par trouver la formule. En l'absence du premier, il a su conduire les siens, la qualification en play-offs encore dans la balance, à une série de victoires décisive, lors de laquelle il a constamment célébré « l'équipe ». Un message à l'égard de son leader qui, à son retour, a fait un pas de côté pour se réintégrer.

Le vœu exaucé de Kremna
Pourtant, même après sa troisième place dans la compétition reine, seulement derrière le Real Madrid et Olympiakos, performance exceptionnelle pour une équipe apparue dans l'élite européenne une saison plus tôt, les « insiders » annonçaient Obradovic sur le point d'être débarqué.
« Le jeu des agents, qui préparent le marché, balayait l'intéressé pour *L'Équipe*. Je ne peux pas donner plus que ce que j'ai donné cette année. Mon dévouement et mon professionnalisme ne peuvent être remis en question, ajoutait celui dont l'équipe a largement dominé la saison régulière de Betclic Élite (26-8) et livré des play-offs au plus-que-parfait (8-0, du jamais-vu dans ce format). S'il y a meilleur que moi pour Monaco, je l'accepterai », concluait-il. Quelques semaines plus tard, il était finalement confirmé à son poste.
Obradovic n'oubliera jamais 2023. Formé auprès des plus grands – Zeljko Obradovic, Svetislav Pesic, Dusan Ivkovic... –, il a réalisé un rêve de 18 ans en accédant, comme eux, au Final Four. Le soir de la qualification face au Maccabi Tel-Aviv, il avait fini comme un gamin, en pleurs dans les bras des siens. Superstitieux, un an avant la fumée blanche, il avait, à l'été 2022, visité un temple posé sur les monts du village de Kremna, à l'ouest du pays, où les Serbes viennent en pèlerinage toucher une pierre sacrée et y formuler une prière, un souhait, apposé sur un bout de papier.
Le sien ? « Disputer le Final Four, bien sûr. Personne n'imagine à quel point c'est viscéral. Je donnerais une fortune à qui retrouverait ce papier *(rire)*. »

Cinq majeur

Les représentants du championnat de France ont désormais accédé cinq fois au dernier carré de l'épreuve reine. Avant Monaco 2023, voilà les quatre précédents.

Limoges 1990
À jamais les premiers... au Final Four

L'équipe entraînée par Michel Gomez a décroché sa qualification pour le Final Four – lancé en 1988 – de Saragosse au fil d'une saison marquée par plusieurs exploits. Les Milanais de Bob McAdoo et Mike D'Antoni se sont cassé les dents à Beaublanc, tout comme la Jugoplastika Split de Toni Kukoc, Dusko Ivanovic, Dino Radja. Le trio va savourer sa revanche en demie (83-101). Sur le banc : un certain Bozidar Maljkovic, qui prendra en 1992 les rênes du CSP.

Limoges 1993
À jamais les premiers... à l'emporter

Théâtre du match 5 des Monégasques en 2022 contre Olympiakos (88-94), le Stade de la Paix et de l'Amitié, au Pirée, a vu le sacre de Limoges en 1993. Le premier titre européen des clubs champions du sport français, quelques semaines avant l'OM foot. L'équipe conduite par Richard Dacoury et guidée par Maljkovic, après l'exploit contre Olympiakos en quarts, fait tomber le Real d'Arvydas Sabonis (62-52), puis le Trévise de Toni Kukoc (59-55), dépossédé du dernier ballon par Fred Forte. « Le jour de gloire », titre *L'Équipe*.

Limoges, champion d'Europe 1993.

Limoges 1995
Forever Young

En trois matchs, Michael Young est devenu le cauchemar de Pesaro. L'ailier US inscrit 88 points et renvoie le CSP dans le dernier carré de l'Euroligue, à Saragosse. Mais, comme en 1990, le rêve vire au cauchemar en demie. La faute à un géant revanchard, Arvydas Sabonis (49-62 face au Real). Limoges finit 4e, battu par le Panathinaïkos (77-91). Le dernier match européen de Maljkovic avec le CSP.

Asvel 1997
Le sang et les larmes

L'Asvel, qui réussit l'exploit en sortant Efes Istanbul en Turquie (62-57) en quart, ne pourra jamais défendre ses chances à 100 %, Jim Bilba s'étant fracassé le bras contre une porte vitrée alors que lui et les siens fuyaient le parquet devenu cible de projectiles. Opéré d'un tendon du pouce, sa saison prend fin. Et les hommes de Gregor Beugnot, malgré leur abnégation, cèdent en demie à Rome face au Barça (70-77), puis Ljubljana (79-86).

Maccabi, l'acte fondateur

C'est dans l'enfer de la Menora Mivtachim Arena de Tel-Aviv, antre brûlant du Maccabi, sextuple champion d'Europe, que Monaco a conquis sa place pour le Final Four.

La stat

18

En 18 occurrences, aucune équipe évoluant à l'extérieur n'est parvenue à s'imposer lors du match 5 décisif d'une série de quart de finale en Euroligue.

À l'arrivée du bus comme sur le parquet, les Monégasques ont été confrontés à la furie des fans israéliens.

Après l'enfer rouge du Pirée un an plus tôt, l'apocalypse jaune de Tel-Aviv. Le match n'avait pas débuté quand les serpentins expédiés à l'unisson par les 11 000 âmes de la Menora Mivtachim Arena ont envahi chaque centimètre de l'arène de Tel-Aviv. Les joueurs de Monaco faisaient leur entrée dans une cocotte-minute prête à exploser sous une pluie de confettis blancs, une gerbe spécialement prévue pour Mike James.

Après avoir vu leur nuit à l'hôtel Hilton interrompue par des feux d'artifice, leur bus tomber dans une embuscade à son arrivée, encerclé de longues minutes par des centaines de supporters du Maccabi chauffés à blanc, entonnant leurs cantiques et lançant des invectives dans une atmosphère brouillée par des fumigènes rouges, les Monégasques auraient pu avoir l'estomac noué avant « l'un des matchs les plus importants de leur carrière », dixit leur entraîneur Sasa Obradovic.

C'était le 2 mai 2023 et Monaco, dos au mur après avoir lâché la première manche de son quart de finale d'Euroligue à domicile (67-79), était contraint de venir arracher son salut en terre promise. Mission quasi impossible, mais sine qua non pour décrocher la première qualification d'un club du championnat de France au Final Four depuis l'Asvel en 1997.

La Roca Team n'avait pas qu'à surmonter la pression, le bruit et la fièvre. Elle faisait face au poids de l'histoire, à une institution sacrée six fois en Euroligue, cornaquée par un duo d'élite, Oded Kattash – David Blatt. « Pas facile de jouer face à cette folie. Ils nous attaquent, personnellement, jettent tout ce qu'ils trouvent sur le parquet. Tout est fait pour te faire peur, raconte le pivot Donatas Motiejunas. Mais on n'est pas tombés dans le piège, on n'a pas joué l'escalade. »

La réponse fut magistrale. Un chef-d'œuvre de défense et de maîtrise émotionnelle collective pour s'imposer (83-78) dans une forteresse quasi imprenable en 2022-2023 (15-2). Sasa Obradovic a compris quand il a vu son géant lituanien se jeter comme un damné sur un ballon à trois minutes du gong, propulsant Élie Okobo en contre-attaque pour un écart définitif (82-74).

> **« Tout est fait pour te faire peur. On n'est pas tombés dans le piège. »**
>
> **Donatas Motiejunas, pivot de Monaco**

Lors de ce match pivot, Mike James est (re)sorti de la boîte. Conspué à chaque toucher de balle, il totalisait 18 points (3/6 à 3 points, dont plusieurs flèches à 9 mètres) après une mi-temps. « Cette hostilité ne me dérange pas », glissait-il, avouant qu'un second Final Four après 2016 avec Vitoria relevait pour lui de « l'obsession ». Il fera encore mieux lors de la manche décisive sur le Rocher : 21 unités, 4 passes, 4 fautes provoquées en 10 minutes ! « J'ai joué au Pana, maintes fois contre Olympiakos, alors cette haine, je vois plutôt ça comme un signe de respect. »

Le lutin, parfois en dedans, a pavé la voie des deux succès les plus importants (matchs 3 à Tel-Aviv, 5 à Monaco), tandis que son compatriote Jordan Loyd jouait les finisseurs.

Cette performance majeure à l'extérieur avait de furieuses allures d'acte fondateur. Dépassé lors de la quatrième manche (69-104), Monaco profitera à plein de l'avantage du terrain ainsi récupéré pour la manche décisive. Débordé par Olympiakos au Pirée un an plus tôt dans le money time, l'ASM réécrit le scénario et fait la différence dans son antre (97-86) grâce à un festival de Loyd, déjà auteur de 33 points dans la seconde manche, dans les dernières minutes. Direction Kaunas et le Final Four.

Mike James

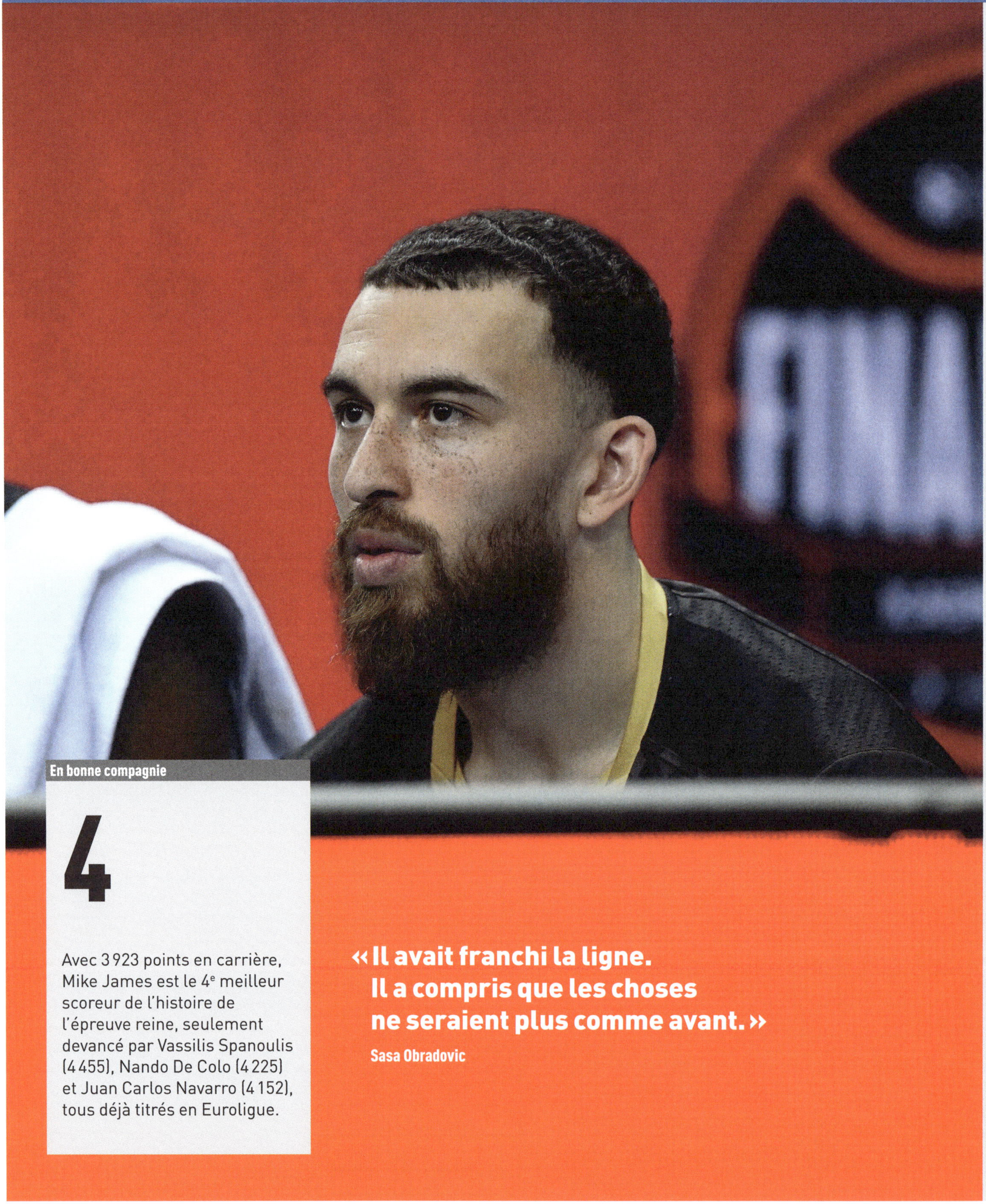

En bonne compagnie

4

Avec 3 923 points en carrière, Mike James est le 4e meilleur scoreur de l'histoire de l'épreuve reine, seulement devancé par Vassilis Spanoulis (4 455), Nando De Colo (4 225) et Juan Carlos Navarro (4 152), tous déjà titrés en Euroligue.

« Il avait franchi la ligne. Il a compris que les choses ne seraient plus comme avant. »

Sasa Obradovic

La métamorphose

De la descente forcée d'un car à un voyage initiatique en Italie, plusieurs événements liés à la mise à l'écart de Mike James en mars expliquent l'incroyable saison monégasque.

Quelques effluves d'alcool flottent encore dans le car de la Roca Team, en cette première semaine de mars. L'équipe a battu, la veille, le Panathinaïkos (84-70), et prend la route de Vitoria pour un match capital en vue des play-offs. Mike James est absent, officiellement pour une blessure – réelle – à un doigt. Officieusement, la rumeur d'une mise à l'écart liée à une sortie trop arrosée après la rencontre, en compagnie de son ex-coéquipier Dwayne Bacon, se répand.

L'incartade de trop après plusieurs incidents. Le meneur US s'en était pris verbalement à Sasa Obradovic à Barcelone (70-80 le 24 février). Il avait repoussé physiquement son coéquipier Chima Moneke le 2 mars (victoire contre le Maccabi 86-67).

Il admettra lui-même, lors du quart de finale à Tel-Aviv, qu'une certaine lassitude l'avait saisi. « Ça arrive dans une saison, tu t'ennuies. Parfois, je suis un peu fou dans la manière dont je me prépare. Je traite chaque match, chaque possession comme les play-offs. Cela peut me rendre un peu… agressif *(il rit)*. »

Retour dans le car. James, toujours éméché selon plusieurs témoins, a pris sa place, contre la volonté de ses dirigeants, qui veulent marquer le coup en sanctionnant leur star à 2 millions de dollars. Le ton monte. James refuse de quitter le véhicule. Il faudra une intervention, à distance, du président Alexeï Fedorychev, et sur place, l'entremise de son garde du corps pour convaincre le joueur de descendre. Ce faisant, il aurait adressé des mots fleuris à l'ensemble de la délégation.

En son absence, du 9 au 25 mars, l'équipe, touchée dans son orgueil, livre un combat titanesque à Vitoria (102-93) et enchaîne sept succès. À son retour, James change de dimension.

« Sa suspension a amené l'équipe à se serrer les coudes, explique Moneke. Notre relation n'était pas bonne au début. Mais avant de réintégrer l'équipe, Mike s'est excusé. Aujourd'hui, je le considère comme un ami. Tout cela a été un tournant. Sans cette crise, sans en avoir trouvé, en nous, l'issue, on n'aurait pas été au Final Four. »

« Ce n'était plus le même, il était plus impliqué en défense, se plaignait moins auprès de moi, de ses coéquipiers, des arbitres, abonde Sasa Obradovic. Il avait franchi la ligne. Il a compris que les choses ne seraient plus comme avant. »

Pendant son temps loin de l'équipe, Mike James aurait été invité par le président Alexeï Fedorychev dans sa résidence italienne, où une longue discussion se serait tenue entre les deux hommes. Un instant décisif. « C'est vrai, confirme Oleksiy Yefimov, le manager général. Notre président sait convaincre. À son retour, Mike avait la bonne attitude et son absence a permis aux autres de grandir. Ç'a été crucial pour le match 5 contre le Maccabi. » Et au final toute la saison monégasque.

La stat

19,8

La moyenne de points de Mike James en 2019 avec Milan (meilleur marqueur de la compétition).

Palmarès

Les 10 derniers champions

2023	Real Madrid
2022	Efes Istanbul
2021	Efes Istanbul
2020	(non décerné, Covid)
2019	CSKA Moscou
2018	Real Madrid
2017	Fenerbahçe Istanbul
2016	CSKA Moscou
2015	Real Madrid
2014	Maccabi Tel-Aviv

Les braqueurs

Le Real Madrid est revenu de l'enfer face au favori Olympiakos pour accrocher sa onzième étoile européenne dans les dernières secondes d'une finale exceptionnelle.

Fabien Causeur (à gauche), impérial en finale, a décroché sa deuxième étoile européenne.

Ils avaient été les dindons de la farce d'une ultime possession mal négociée un an plus tôt face à l'Efes Istanbul en finale de l'Euroligue lors d'une partie aride (57-58). Mais on ne reprend jamais à deux fois des Espagnols touchés dans leur orgueil. À l'image de l'emprise de la Roja sur le basket international ces deux dernières décennies, le Real Madrid a reposé sa main sur l'Europe en disposant de l'Olympiakos au terme d'une bataille de haute volée, achevée sur un coup de génie (79-78), un tir d'anthologie de Sergio Llull (voir p. 95) à trois secondes du buzzer.

Pour épingler les Grecs, pourtant leaders de la saison régulière (24-10) et favoris logiques de la finale face à une formation ibérique diminuée (Yabusele suspendu, Deck et Poirier blessés), pour leur faire vivre une deuxième désillusion après l'élimination au buzzer un an plus tôt des mains de Vasilije Micic, le Real s'est appuyé, plutôt que sur sa jeune garde, sur ses vieux grognards. Rudy Fernandez (38 ans), son duo – Llull, 35 ans, et Rodriguez, toujours étincelant à 37 ans, auteur de 15 points, 9 passes et de plusieurs tirs extraordinaires dans le money time –, ainsi qu'un Frenchy venu de Bretagne, Fabien Causeur (36 ans), une nouvelle fois sorti de sa boîte pour le Final Four.
« Est-ce une victoire "à l'espagnole ?" Vous pouvez dire ce que vous voulez, je ne sais pas, éclate de rire l'ancien joueur du Havre et de Cholet. Mais je les ai vus tellement de fois gagner comme ça, Chacho (Rodriguez), qui nous met un 3 points pour rester au contact (77-78, 50 secondes à jouer), Sergio (Llull) et Rudy (Fernandez)... Je suis fier d'être dans leur équipe depuis six ans. »

Walter Tavares MVP

Plus aux commandes depuis la 24e minute avant le shoot de Llull, le Real a aussi profité de deux banderilles de son Français en quatrième quart (pour revenir à 64-68, 32e, puis à 67-71, 34e) alors qu'il courait derrière le score et que les choses semblaient mal embarquées après un shoot de l'impeccable MVP de la saison Sasha Vezenkov – 29 points, 9 rebonds, 4 passes, 0 balle perdue.

Le Cap-Verdien Walter Tavares
a régné sur le Final Four.

« On sait que le dernier ballon doit revenir à Sergio (Llull), même s'il a tout raté pendant la soirée, commentait Chus Mateo, l'ancien assistant promu sur le banc madrilène après l'infarctus de Pablo Laso. Il nous a sacrés une nouvelle fois champions. »
La défaite sera dure à digérer pour Olympiakos, qui menait encore de six unités à deux minutes de la fin, et a dû encaisser pendant l'intersaison l'annonce du départ de sa star pour la NBA, direction Sacramento. Côté vainqueurs, le Cap-Verdien Walter Tavares, désigné MVP du week-end lituanien, a plané dans la raquette (13 points, 10 rebonds, 4 fautes provoquées) après avoir fait la différence, surtout, face au rival barcelonais deux jours plus tôt (20 points, 15 rebonds). Une rencontre lors de laquelle le Real était mené de 6 points à la pause. Tout comme, quelques semaines plus tôt, la Maison Blanche était distancée 0-2 par le Partizan en ayant perdu ses deux matchs à domicile. Après avoir arraché les deux manches à Belgrade, les hommes de Mateo avaient remonté un déficit de dix-huit longueurs dans la cinquième manche décisive pour accrocher leur billet pour Kaunas. « On continue d'y croire, toujours, concluait Causeur. Il ne faut pas avoir de regrets sur des matchs comme ça. Il faut tout donner, et le basket, souvent, est généreux, quand tu as cette mentalité. »

La stat

11 Le Real Madrid a remporté onze fois la compétition européenne majeure, ce qui en fait le club le plus titré devant le CSKA Moscou (8), le Maccabi Tel-Aviv et le Panathinaïkos (6 chacun). Les Espagnols se sont imposés en 1964, 1965, 1967, 1968, 1974, 1978, 1980, 1995, 2015, 2018 et 2023.

Le joueur

Fabien Causeur : « Du cœur et des cojones »

L'arrière français du Real, auteur d'un match précieux et décisif (11 points), a grandement participé à la victoire finale des Madrilènes.

Fabien Causeur : « Gagner une finale sur la dernière action, un panier de Llull qui était à 0 point avant le shoot, wow... On y a cru, tout simplement. En fin de match, on met les anciens et on a vu le caractère du Real. Il fallait du cœur et des cojones. Sur les trois dernières secondes, je demande au coach de me mettre sur (Kostas) Sloukas, que j'avais déjà défendu et contré sur la dernière possession de la finale 2018 (victoire du Real contre Fenerbahçe). Il aurait pu marquer car je perds l'équilibre sur sa feinte. S'il l'avait mis, je serais six pieds sous terre. Mais il y a des matchs comme ça où si tu y crois, ça te sourit.
Je ne veux pas reparler de la bagarre en quart de finale, lamentable des deux côtés, mais c'est vrai que ç'a été un tournant. Ce qu'on a réalisé est d'autant plus valorisant qu'on l'a fait sans Guerschon (Yabusele, suspendu).
Je réalise une belle finale, c'est vrai. Mais je me prépare pour ça. Je suis méticuleux. Les gens ne peuvent plus croire que c'est la chance, ou un match. C'est mon cinquième Final Four. Je n'étais pas trop dans la rotation ces dernières semaines et aujourd'hui, après cinq minutes, Chus Mateo me fait entrer. Un signe qu'il sait que c'est le genre de moments que j'apprécie. Ce titre est clairement en haut avec celui de Belgrade (en 2018, Causeur avait été désigné MVP de la finale). »

Llull, un tir de légende

Le meneur vétéran du Real Madrid a offert leur onzième Euroligue aux Espagnols.

Trophées

3 Septuple champion d'Espagne, vainqueur de sept médailles internationales (triple champion d'Europe, champion du monde 2019), Sergio Llull a aussi remporté l'Euroligue à trois reprises avec le Real Madrid : en 2015, 2018 et 2023.

Il a mis le premier et le dernier coup. Le premier était celui de la survie. Son Real mené 2-0 en quart de finale par un Partizan Belgrade qui avait la perspective de deux matchs dans son bouillant chaudron à domicile pour conclure la série, Sergio Llull a séché Kevin Punter. L'arrière US a dégoupillé, et tandis qu'une bagarre générale éclatait sur le parquet madrilène, le roublard meneur (1,91 m, 35 ans), génie du jeu – sept médailles internationales avec la Roja –, autant que du trucage à l'espagnole, prenait quelques pas de recul et s'installait sur le banc pour observer les coups et les suspensions tomber. Ne lui manquait plus que le pop-corn. Au jeu des sanctions, le Real et son effectif XXL étaient, forcément, moins impactés. Réveillés par l'électrochoc provoqué par leur leader, pourtant sérieusement blessé à un genou plus tôt dans la saison, ils allaient ainsi réaliser l'impensable : enchaîner trois succès et retrouver le Final Four.

Où Llull, expert en tirs décisifs et en « mandarinas » (shoots expédiés souvent à une main, dans l'urgence, derrière la ligne à 3 points avec une trajectoire arc-en-ciel), allait frapper une nouvelle fois. À trois secondes du buzzer. Le dernier coup de boutoir du natif de Port-Mahon (Minorque), auteur d'un match à 71 points dans sa jeunesse, restera dans la légende de l'Euroligue. Avec douze secondes à jouer et un point de retard (77-78), l'Espagnol, 0 point au compteur, hérite du cuir. Il s'engouffre dans la raquette, où l'attendent les longs bras de Moustapha Fall. Son shoot flirte avec les phalanges du Français, puis file dans le ciel de la Zalgirio Arena de Kaunas avant de s'engouffrer dans le cercle. Ses deux seuls points du match. Pour l'histoire.

Sasha Vezenkov

MVP sans dribbler

Le Bulgaro-Gréco-Chypriote (2,06 m, 28 ans), finaliste malheureux avec Olympiakos, a été élu MVP de l'Euroligue avant de rejoindre Sacramento en NBA. Tout ça quasiment sans poser le ballon à terre.

Il tenait sa revanche. Un an après avoir vu Vasilije Micic inscrire devant lui le panier éliminant Olympiakos en demi-finale (77-74), Sasha Vezenkov était de retour au Final Four, et même à quelques secondes du titre. Auteur de 29 points, 9 rebonds, 4 passes dans le match pour le sacre, l'ailier fort a cette fois subi la loi de Sergio Llull. Il s'est effondré, une serviette cachant son visage. Vezenkov avait régné sur la saison, MVP et top scoreur (17,6 points et 7,1 rebonds)... sans dribbler ! À mi-championnat, il était calculé que le gaucher avait eu besoin de 26 dribbles pour inscrire ses 275 points. L'intéressé a loué les offrandes de ses meneurs, mais la maestria de Kostas Sloukas et Thomas Walkup ne peut être la seule explication. L'adresse de Vezenkov, et surtout sa science du jeu sans ballon, lui ont permis de devenir discret et dévastateur en même temps. Ce profil a convaincu les Sacramento Kings de poser 20 M$ (pour trois ans) sur la table. Et Vezenkov, courtisé de longue date en NBA, a fait le grand saut. « On aime la manière dont il shoote et gère les espaces. Il sera un joueur efficace en NBA », a assuré son néo-coach, Mike Brown. Le MVP 2021 de l'Euroligue, Vasilije Micic, a lui aussi traversé l'Atlantique cet été, passant d'Istanbul à Oklahoma City.

Palmarès

Les 10 derniers MVP

2023	Sasha Vezenkov (Olympiakos)
2022	Nikola Mirotic (Barcelone)
2021	Vasilije Micic (Efes Istanbul)
2020	(Pas de prix, Covid-19)
2019	Jan Vesely (Fenerbahçe Istanbul)
2018	Luka Doncic (Real Madrid)
2017	Sergio Llull (Real Madrid)
2016	Nando De Colo (CSKA Moscou)
2015	Nemanja Bjelica (Fenerbahçe Istanbul)
2014	Sergio Rodriguez (Real Madrid)
2013	Vassilis Spanoulis (Olympiakos)

Mathias Lessort

Bestial

Auteur d'une saison colossale au Partizan Belgrade, le pivot (2,06 m, 28 ans) est devenu le deuxième Français de l'histoire – après Nando De Colo – élu dans l'équipe-type de l'Euroligue.

17763 spectateurs : l'affluence moyenne du Partizan Belgrade en Euroligue en 2022-2023, le record historique. Dans la fureur de la Stark Arena, l'enceinte la plus chaude du continent, Mathias Lessort, pour son énergie démentielle, bestiale, communicative, est devenu le chouchou des fans, les Grobari. « Ça fait une poussée d'adrénaline et je m'en nourris », explique le Martiniquais, irrésistible tout au long de la saison.

Éliminé au match 5 des play-offs face au Real, le Partizan est passé tout près du Final Four, et son pivot, meilleur rebondeur (12,1 points et 7,3 rebonds) et 2e évaluation (19,5) de la compétition, a logiquement figuré dans l'équipe idéale. Avant lui, Nando De Colo était le seul Français à avoir intégré ce cercle très fermé (en 2016, 2017 et 2018). « Cette campagne restera une saison spéciale, dont je me rappellerai pour le restant de mes jours », a écrit Lessort sur les réseaux sociaux au moment d'officialiser son départ pour le Panathinaïkos, avant de conclure : « Je porterai un autre maillot la saison prochaine mais je suis un Grobari pour toujours. »

L'équipe-type de l'Euroligue 2022-2023

Très solide !

Lorenzo Brown
(Maccabi Tel-Aviv)

Dzanan Musa
(Real Madrid)

Sasha Vezenkov
(Olympiakos)

Mathias Lessort
(Partizan Belgrade)

Walter « Edy » Tavares
(Real Madrid)

Eurocoupe

Albicy et Inglis titrés

En Eurocoupe aussi, la petite sœur de l'Euroligue dont la compétitivité et le niveau sont en recul, les Français ont tiré leur épingle du jeu. En finale, Andrew Albicy (13 points, 3 passes) et Damien Inglis (6 points) ont guidé Gran Canaria, favori, à la victoire face à Ankara (71-67). Dans le camp des vaincus, Axel Bouteille (17 points) pouvait sortir la tête haute.

Expatriés

Les cinq exclus

Thomas Heurtel (Zénith Saint-Pétersbourg), 99 sélections, 4 médailles (or Euro 2013, argent JO 2021 et Euro 2022, bronze Coupe du monde 2014)

Amath M'Baye (CSKA Moscou), 45 sélections, 2 médailles (argent Euro 2022, bronze Coupe du monde 2019)

Louis Labeyrie (Kazan), 34 sélections, 1 médaille (bronze Coupe du monde 2019)

Adrien Moerman (Zénith Saint-Pétersbourg), 12 sélections

Livio Jean-Charles (CSKA Moscou), 12 sélections

Les bannis

Cinq joueurs français ayant tous porté le maillot des Bleus évoluent en Russie en 2023-2024. Se plaçant, de fait, au ban de la sélection nationale.

Thomas Heurtel, tout comme Adrien Moerman et Louis Labeyrie ne sont plus sélectionnables en équipe de France.

C'est l'une des interviews les plus lunaires de l'année. En mars, dans les colonnes du magazine *L'Équipe*, Thomas Heurtel a accepté de revenir longuement sur sa décision de signer au Zénith Saint-Pétersbourg en septembre 2022. C'était trois jours après avoir disputé l'Euro avec les Bleus, pour lequel la fédération française avait fait signer aux joueurs une attestation sur l'honneur indiquant qu'ils ne rejoindraient pas un club russe ou biélorusse tant que perdurerait la guerre en Ukraine.
« Parce que je joue en Russie, je cautionne ce que fait la Russie ? Donc les gens qui jouent en Chine cautionnent la politique des droits de l'homme en Chine ? Les gens qui jouent en France acceptent tout ce que fait le gouvernement français ? » Avant d'interpeller directement le journaliste : « Vous, vous ne cautionnez pas tout ce que fait le gouvernement ? Il y a des choses que vous aimez, d'autres que vous n'aimez pas ? C'est pareil. » Disons à quelques énormités près, alors.
Et quand il lui était rappelé que le Zénith est propriété de Gazprom, compagnie d'État, poids lourd de l'économie russe et du financement de la guerre, Heurtel passe à nouveau à l'offensive : « Je ne prends pas l'argent des Ukrainiens qui sont morts. Peut-être que je fais partie du système parce que je joue dans ce club mais cela ne veut pas dire que je suis d'accord avec ce qu'ils font. Désolé de vous dire cela, mais c'est ce que les tocards pensent. »

Ils ont brillé en VTB

En VTB League, championnat où s'affrontent des équipes russes, biélorusses et kazakhes, le nombre de joueurs européens étrangers a été divisé par quatre depuis le début de la guerre. Une exception : les Français. Outre Heurtel, Louis Labeyrie (Kazan) et Livio Jean-Charles (CSKA Moscou) ont débarqué en Russie à l'intersaison 2022. Tous trois ont livré une saison remarquée, finissant dans les dix meilleures évaluations : Labeyrie 5e, Heurtel 6e et Jean-Charles 8e. Le premier a grandement contribué à la conquête du titre de Kazan, tandis que le second a terminé meilleur passeur et été élu recrue de l'année.
À l'été 2023, Jean-Charles a décidé d'honorer sa deuxième année moscovite, Heurtel a rempilé au Zénith pour deux ans et Labeyrie à Kazan pour une saison. En cours de saison, ils avaient été rejoints par Adrien Moerman, arrivé fin février au Zénith, qui a lui aussi prolongé son bail pour 2023-2024. Amath M'Baye s'étant engagé au CSKA Moscou, le contingent français en Russie grimpe à 5 représentants. Soit plus qu'en Italie, en Allemagne ou encore en Turquie.
Alors que leurs contrats au pays de Vladimir Poutine les privent d'équipe de France – selon la politique fédérale –, le nom de Thomas Heurtel est revenu au centre des débats après le fiasco de la Coupe du monde.

Championnat de France – La voie princière

Après trois échecs en finale (2018, 2019 et 2022),
Monaco a enfin soulevé le trophée de champion.

Palmarès

Les 10 derniers champions

2023	Monaco
2022	Lyon-Villeurbanne
2021	Lyon-Villeurbanne
2020	(Saison stoppée, Covid-19)
2019	Lyon-Villeurbanne
2018	Le Mans
2017	Chalon-sur-Saône
2016	Lyon-Villeurbanne
2015	Limoges
2014	Limoges
2013	Nanterre

Le rouleau-compresseur du Rocher

Intraitable en saison régulière, invaincu en play-offs, victorieux en Coupe de France, Monaco a réussi à décrocher ce titre de champion de France qui le fuyait depuis des années. Le début d'un règne appelé à durer.

Le capitaine Yakuba Ouattara évolue à Monaco depuis sa remontée dans l'élite en 2015.

88. Le nombre de matches officiels disputés par la Roca Team en 2022-2023. Le record de la saison en Europe, partagé avec le Real Madrid ; à titre de comparaison, le compteur de l'autre finaliste du Championnat, Boulogne-Levallois, s'est arrêté à 48. Monaco a passé une année marathon, à enchaîner les sprints. Ici, pour gagner la Coupe de France (face à l'Asvel), la première dans l'histoire du club. Là, pour assurer la première place en championnat, tout comme la qualification aux play-offs de l'Euroligue. Là encore pour rallier son premier Final Four. Jusqu'au dernier coup de reins de juin, afin d'inscrire son nom, enfin, au palmarès de la Ligue nationale. « La conclusion d'une saison fabuleuse », dit le coach Sasa Obradovic.

« Si vous passiez un jour dans mes chaussures, vous vous rendriez compte à quel point c'est difficile au quotidien. »

Sasa Obradovic, coach de Monaco.

« Notre équipe a connu beaucoup de hauts et de bas », rappelait Jordan Loyd au soir du titre à Roland-Garros. Mentalement, sur le terrain, en dehors... » Au printemps, la suspension de Mike James aurait pu faire dérailler la machine, comme un an auparavant, quand le club avait laissé filer à l'Asvel un titre de champion de France qui lui semblait promis. À l'époque, après son élimination de l'Euroligue, l'équipe s'était délitée, certains joueurs semblant plus pressés de partir en vacances plutôt qu'à la conquête de l'Hexagone.

En 2023, les Monégasques n'ont pas refait la même erreur. Cette fois, ils avaient faim de titre. Avoir renforcé le contingent JFL (Élie Okobo, Matthew Strazel, Yoan Makoundou...) a contribué à aborder les play-offs avec la bonne attitude et plus d'envie. En finale, les JFL ont marqué 35% des points de l'équipe, contre 16% un an plus tôt.

Au rayon chiffré, deux points se dégagent : le budget (20,7 M€ en 2022-2023) et surtout la masse salariale (10,8 M€), six fois supérieure à la moyenne des 17 autres clubs de l'élite (voir encadré p. 105). Les moyens financiers de la Roca Team la promettaient au titre, sur le papier. Sur le terrain, restait à prouver : que James, Okobo et Loyd se partageraient un ballon, que les joueurs

seraient autant investis en France qu'en Europe, que le club assumerait son statut.
« Si vous passiez un jour dans mes chaussures, vous vous rendriez compte à quel point c'est difficile au quotidien, insistait le coach Sasa Obradovic à Roland-Garros. Tout le monde s'attend non seulement à ce qu'on gagne les matches, mais en plus avec style. Personne ne justifiera le moindre mauvais match, comme si on devait être champions sans une seule défaite. Il faut vivre avec ça, et on apprend comment faire. »

« Ils ont des moyens importants, mais aussi beaucoup de justesse dans la construction de leur équipe. »

Vincent Collet

« Sasa Obradovic a fait un travail remarquable tout au long de la saison », a salué Vincent Collet, soulignant également le travail de l'architecte de cette armada, le manager général Oleksiy Yefimov. « Bien sûr, ils ont des moyens importants,mais aussi beaucoup de justesse dans la construction de leur équipe. Les arrivées de John Brown et Jordan Loyd ont tout changé. »

Histoire

1988

Dans l'histoire de la Ligue nationale, Monaco est seulement la 2e équipe à terminer les play-offs invaincus depuis Limoges en 1987-1988, saison inaugurale de la LNB.

La superstar Mike James (ci-dessus) a bien été secondée en play-offs par ses coéquipiers, notamment Yoan Makoundou (à droite).

Le second, talent de classe supérieur au service du collectif, s'est révélé le stabilisateur de la Roca Team tout au long de l'année, tandis que le premier, chien de garde défensif, a symbolisé l'état d'esprit conquérant du groupe. En finale, sa pression permanente sur Victor Wembanyama, à le pousser, repousser, fut un élément décisif de la série. Remportée 3-0, comme la demie face à Bourg, tandis qu'en quart, Strasbourg avait été écarté en deux manches. Un bilan vierge de défaite en play-offs,

une première dans l'élite depuis 1988 et l'illustration de la domination totale de cette équipe. Qui ramène, selon Vincent Collet, à celle du Limoges de Bozidar Maljkovic dans les années 1990. « À l'époque, tu te battais pour aller en finale du championnat. Cette saison, toute l'année, je disais : je veux aller en finale contre Monaco. Pour moi, c'était pour ça qu'il fallait être 2e ou 3e : pour ne pas être dans le tableau de Monaco. Et en finale, on espérait faire mieux, mais on savait quand même qu'ils étaient plus forts. »
À l'intersaison, conservant tous ses joueurs majeurs et ajoutant un nom, Kemba Walker, plus trois internationaux français (Terry Tarpey, Petr Cornelie et Mam' Jaiteh), le club du Rocher a encore grandi, atteignant des sommets que seule l'Asvel semble en capacité de rallier, bien qu'à un rythme nettement moins soutenu. Monaco, grand favori 2023 devenu immense favori 2024 à sa propre succession. Le champion entend se muer en dynastie.

Budget

Dans une autre dimension

Dans le championnat, en termes de ressources financières, il y a Monaco et, loin derrière, les autres. La saison écoulée, la Roca Team présentait un budget plus de trois fois supérieur au budget moyen de ses 17 adversaires. Et l'écart est plus conséquent encore pour la masse salariale : six fois supérieure à la moyenne de la concurrence !

	Monaco	Moyenne Betclic Elite
Budget 2022-2023	20,7 M€	6,0 M€
Masse salariale 2022-2023	10,8 M€	1,8 M€

Loyd, le roc monégasque

Sans faire de bruit, l'arrière américain s'est révélé, encore plus que Mike James, le véritable patron de l'escouade monégasque.

« Il devrait demander plus d'argent ! »

Sasa Obradovic

Il est loin, le temps où Jordan Loyd faisait l'avion, tout sourire, en costard – « The random guy in a suit » – au deuxième plan de l'un des clichés les plus célèbres de l'histoire de la NBA. L'arrière américain de Monaco (1,93 m, 30 ans) avait pris la lumière, en 2019, sur la photo immortalisant le tir de Kawhi Leonard au buzzer du match 7 contre Philadelphie synonyme de qualification en finale de conférence. Prélude au titre de champion des Canadiens face à Golden State.
Ce fut sa seule saison NBA, dans un rôle minimaliste (4,6 minutes, 2,4 points), mais Loyd avait hérité de cette épopée une bague de champion. Lors de l'exercice écoulé, changement de décor. C'est le natif d'Atlanta qui a joué les ballons décisifs et porté Monaco au titre de champion et à la troisième place de l'Euroligue.

33 points contre le Maccabi

Toujours prêt au sacrifice et au combat – il a manqué plusieurs semaines pour un nez cassé et fini plusieurs fois en sang sur le parquet –, proche du coach Sasa Obradovic, il s'est imposé comme le parfait complément de Mike James, moins fantasque, plus régulier, et surtout clinique dans la prise de décisions et les fins de matches. Formidable défenseur en plus d'être un attaquant de premier ordre (13,4 points en Euroligue), létal sans faire de vagues, il s'est montré particulièrement efficace dans les moments chauds.

« Il a l'instinct du tueur, sait faire les choses quand tu en as le plus besoin. J'ai toujours su qu'il avait quelque chose de spécial », dit son entraîneur, avec qui il entretient une relation fusionnelle depuis leur année commune à l'Étoile Rouge (2020-2021). « Il m'a soutenu quand le club m'a limogé, on est toujours restés en contact. C'est notre point de stabilité. Les shoots qu'il met, peu en sont capables. Il devrait demander plus d'argent ! », ajoutait le Serbe après l'une des démonstrations de son poulain, lors du match 2 de la finale de Betclic Élite. Son joueur répondait du tac au tac : « Je vais le faire coach, pour nous deux ! »
Lors de cette rencontre au couteau, où les Mets de Victor Wembanyama menaient les débats (39-31, 15e), James dans un jour sans (3 points), Loyd a initié le come-back sur une séquence à six points (trois lancers francs et une faute antisportive provoquée). Rayonnant offensivement (23 unités, 9/14 au tir), il a ajouté 6 passes à son récital ouvrant la voie au succès des siens (95-88).
Récidiviste lors du match 3 (92-85), il a crucifié Boulogne-Levallois sur le central de Roland-Garros de deux flèches à 3 points dans la dernière minute (22 points au final), récoltant le trophée de MVP de la finale.
« C'est l'expérience et le travail estival avec mon coach, où on travaille ces situations chaudes, qui me permettent de garder cette confiance et de continuer à shooter, souffle l'intéressé. Je crois en moi, et l'équipe me met dans cette position. »
Comme contre le Maccabi Tel-Aviv en quart de finale de l'Euroligue. Auteur de 33 points – son record – lors de la deuxième manche (86-74), l'ASM dos au mur après avoir lâché le match initial, il a asséné le coup fatal au club-nation dans la cinquième manche (21 points). Les Israéliens encore aux commandes (77-74, 35e), Mike James victime d'une entorse de la cheville, Loyd provoquait deux fautes à 3 points et inscrivait 8 points en une minute, celle où tout a basculé pour Monaco (de 78-79 à 88-82, 37e). Un succès synonyme de Final Four. Et qui tendait déjà à prouver qui était le véritable patron à Monaco.

À pas de géant

De la Nationale 2 en 2012 au Final Four de l'Euroligue en 2023, chronologie d'une ascension aussi vertigineuse que supersonique.

Printemps 2012. Monaco dispute une finale nationale dans l'Hexagone, déjà. À l'époque, l'affrontement n'a pas lieu sur la prestigieuse scène de la Betclic Élite, mais dans l'anonymat de la Nationale 2, la quatrième division. Pour le choc entre les deux meilleures équipes de la saison, l'ASM et Saint-Chamond. La Roca Team s'incline (68-85), mais avait déjà validé sa montée à l'échelon supérieur. Le début de son ascension.

Palmarès

6 Le nombre de trophées dans l'histoire de la Roca Team, tous décrochés dans les sept dernières années. Il y a d'abord eu trois Leaders Cup (2016, 2017 et 2018), puis l'Eurocup (2021), et enfin le doublé Coupe et championnat de France 2023.

Saison	Division	Place	Play-offs	Europe	Parcours	Entraîneur	Accession / Titre
2011-2012	N2	1	Finale	-	-	Jean-Michel Sénégal	Accession N1
2012-2013	N1	6	Quart	-	-	Jean-Michel Sénégal	-
2013-2014	N1	1	-	-	-	Savo Vucevic	Accession Pro B
2014-2015	Pro B	1	-	-	-	S. Vucevic/Z. Mitrovic	Accession Pro A
2015-2016	Pro A	1	Demie	-	-	Zvezdan Mitrovic	Leaders Cup
2016-2017	Pro A	1	Quart	BCL	Final Four (3e)	Zvezdan Mitrovic	Leaders Cup
2017-2018	Jeep Élite	1	Finale	BCL	Final Four (2e)	Zvezdan Mitrovic	Leaders Cup
2018-2019	Jeep Élite	2	Finale	Eurocoupe	Top 16	Saso Filipovski	-
2019-2020*	Jeep Élite	1	-	Eurocoupe	-	Sasa Obradovic	-
2020-2021	Jeep Élite	4	Demie	Eurocoupe	Champion	Zvezdan Mitrovic	Qualif. Euroligue
2021-2022	Betclic Élite	2	Finale	Euroligue	Quart	Sasa Obradovic	-
2022-2023	Betclic Élite	1	Champion	Euroligue	Final Four (3e)	Sasa Obradovic	Coupe de France

(*) En 2019-2020, quand la saison fut arrêtée par la pandémie de Covid-19, Monaco pointait en tête du championnat à égalité avec l'Asvel et Dijon, et se préparait à affronter la Virtus Bologne en quart de finale de l'Eurocup.

La signature de l'année

Monaco a enflammé le marché à l'intersaison en se payant le quadruple All-Star NBA de 33 ans, Kemba Walker. Un coup aussi grand que les doutes entourant son niveau physique.

Beaucoup de joueurs rêvent de fouler un parquet NBA, un jour, ne serait-ce que pour quelques secondes. Kemba Walker a disputé 781 matches en NBA depuis 2011. Ce total, assorti à des moyennes de 19,3 points et 5,3 passes en carrière, rendent le personnage facile à classer : parmi les grands. Le meneur fut capable, un soir de novembre 2018, de planter 60 points à la défense de Philadelphie. Hormis Tony Parker à l'Asvel au moment du *lock-out* en 2011 et Micheal Ray Richardson à Antibes dans les années 1990, aucun joueur n'avait débarqué en LNB auréolé d'un tel CV de quadruple All-Star NBA. Sa carrière s'est enlisée il y a trois ans. Des douleurs aux genoux à Boston, qui persistent, et qui transforment un rêve – porter le maillot des Knicks, pour lui, le natif du Bronx – en cauchemar : seulement 37 matches à New York en 2021-2022, sa campagne prenant fin en février. La saison écoulée, il n'est réapparu qu'à neuf reprises sur les parquets, le temps d'une pige à l'hiver. Autrement dit : Walker n'a disputé que 9 matches depuis février 2022.

Cet été, après les bilans médicaux, il a été placé par la direction monégasque à l'écart du groupe afin de suivre un protocole spécifique de près d'un mois pour surveiller ses genoux. L'intéressé voulait croire en son avenir sur le Rocher : « Je me réjouis de cette opportunité ici. Je ne pense pas que mon temps soit encore écoulé ».

Dans le top 10

NBAers en France

Voici les dix joueurs américains ayant débarqué dans le championnat de France avec le plus de matches joués en NBA à leur actif. Avec 781 rencontres en NBA, Walker se classe 4e.

Sedale Threatt	1 021 matches NBA
Vern Fleming	930
John Long	916
Kemba Walker	781
Paul Mokeski	763
Ricky Davis	747
Kelly Tripucka	732
Earl Cureton	707
Ron Anderson	691
Billy Knight	681

Yakuba Ouattara

La stat

370

Le nombre de matches officiels disputés par Yakuba Ouattara sous le maillot monégasque. Il devrait donc dépasser la barre des 400 au cours de l'exercice 2023-24.

La force tranquille

Arrivé à Monaco en 2015, quand le club débutait dans l'élite, Yakuba Ouattara (31 ans) est toujours là huit ans plus tard. Entre-temps, il est devenu capitaine, champion, international français.

« Je me sens chez moi à Monaco. » C'est par ces mots que Yakuba Ouattara a officialisé cet été sa prolongation sur le Rocher pour une huitième saison. Quand il a rejoint le club pour la première fois, en 2015, à l'instar de l'équipe alors promue dans l'élite, il arrivait de Pro B après un exercice prometteur à Denain.
En Principauté, le natif de Tepa, au Ghana, a immédiatement séduit, par son jeu sur le parquet, sa personnalité lumineuse en dehors. Et il a grandi en même temps que le club. Au point de toucher du doigt son rêve de NBA. En 2017, il paraphe un contrat « two-way » avec les Brooklyn Nets, mais une blessure le stoppe rapidement dans son expérience américaine. Après s'être relancé en G-League, il décide de revenir sur le Rocher dès mars 2018.
En 2020, il retente sa chance à l'étranger, à Séville en Espagne… avant de faire le trajet inverse un an plus tard pour découvrir l'Euroligue en même temps que Monaco. Comme si leurs chemins étaient faits pour se retrouver.

Facteur X en play-offs d'Euroligue

En 2022-2023, lui qui, à ses débuts sur les playgrounds lyonnais, était incapable de mettre le moindre tir, s'est affirmé dans son rôle de défenseur-shooteur. Sur la scène européenne, il a dégainé à 41% de réussite à longue distance, et de l'autre côté du terrain s'est fait un plaisir de répondre à des missions défensives.
Sa pression sur Lorenzo Brown, en play-offs face au Maccabi Tel-Aviv, fut un facteur X de la série. De quoi convaincre Vincent Collet de sélectionner l'extérieur parmi les douze Bleus pour la Coupe du monde, justifiant son choix par ce commentaire : « On a vu cette année que Yakuba cassait souvent la figure du meneur adverse pendant 6-7 minutes. Il le fait en club et pourra très bien le faire en sélection. »

En 2023, au-delà d'être devenu international, Ouattara a acquis le grade de capitaine à Monaco après le départ d'Adrien Moerman. « Au début, c'était un rôle qui n'était pas naturel pour moi, parce que j'ai toujours été un leader par l'exemple, or un capitaine, c'est aussi savoir donner de la voix quand il le faut, et j'ai appris à le devenir », dit-il.
Surtout, il a décroché ce titre de champion après lequel la Roca Team et lui couraient depuis 2015. « Le club et moi avons le même parcours. On intégrait la Pro A en 2015 et pendant 8 ans, être champion de France aura été l'objectif principal de chaque saison. Et aujourd'hui, on a enfin atteint cet objectif », savourait-il peu après le sacre, retraçant son parcours : « Je suis passé de joueur de Pro B à joueur Euroligue, capitaine de la troisième meilleure équipe européenne. Pour moi, même le mot fierté n'est pas assez fort pour décrire ce que je ressens et ce que je vis actuellement. »
Et l'ascension n'est peut-être pas terminée pour le numéro 24. Qui, pour 2024, comme son club, rêve de devenir champion d'Europe. L'histoire continue.

« Pour moi, même le mot fierté n'est pas assez fort pour décrire ce que je ressens et ce que je vis actuellement. »

SPALDING
Betclic
METS92
0
idex
KAHUDI
5

La folle aventure

Les coéquipiers de Victor Wembanyama et le staff de Boulogne-Levallois, unis autour de leur leader, ont su profiter du phénomène pour vivre une saison irréelle.

« Ce voyage à Vegas nous a soudés. »

Lahaou Konaté

Les images sont ancrées dans la tête de Lahaou Konaté, où le capitaine des Metropolitans 92 les conserve comme un précieux trésor. Le 30 mai 2023, lors du match 2 de la demi-finale face à l'Asvel, des dizaines de voix, à l'unisson, scandent son nom dans l'Accor Arena. Celle-ci a été remplie en moins de 24 heures dès l'ouverture de la billetterie. Tout le monde veut voir « Wemby », et ses coéquipiers, aujourd'hui comme depuis le début de la saison, surfent sur la vague.

« Ce jour-là, Victor m'a donné gracieusement 30-40 tickets pour faire venir des gens de mon quartier. Jouer devant eux, c'était énorme », raconte Konaté. Qui, quelques jours plus tard, terminait avec son équipe une campagne décidément pas comme les autres à Roland-Garros. « Jouer partout à guichets fermés, être sur l'application NBA, voir un tas de scouts, de stars… Chaque semaine, il se passait quelque chose. C'était une saison unique et incroyable. »

À l'automne 2022, bien des zones floues entouraient le niveau de cette équipe. Un groupe très jeune, avec des joueurs étrangers découvrant l'Europe (Tremont Waters, Aaron Henry et le rookie DeVante Jones). Tous se retrouvent autour d'une envie commune : progresser ensemble à l'entraînement. « C'était un plaisir de les coacher », dit Vincent Collet, qui s'est vu replongé à ses débuts au Mans, vingt ans en arrière, à lancer Pape-Philippe Amagou, Alain Koffi, Yannick Bokolo puis Nicolas Batum. « On avait vraiment une osmose et une atmosphère top. »

Et en dehors du terrain, une camaraderie née du séjour américain en octobre. « Ce voyage à Vegas nous a soudés, appuie Konaté. Être logés, traités, comme de grands joueurs NBA, le voyage, tout ça a soudé le groupe. Et le fait d'être très loin de la France nous a beaucoup rapprochés, on a appris à plus se connaître. »

Cascade de blessures

Les blessures auraient pu tuer dans l'œuf toute ambition sportive. Le 20 novembre, Ibrahima Fall Faye, dont le duo avec Wembanyama faisait des ravages dans les raquettes, s'effondre : rupture des ligaments croisés, fin de saison. Deux semaines plus tôt, Armel Traoré s'est déchiré le ménisque et ne reviendra pas avant mars. De décembre à mai, Aaron Henry (genou) manquera à l'appel. De janvier à mai, Hugo Besson (hanche) occupera l'infirmerie, rejoint par Tremont Waters (commotion cérébrale) de janvier à mars. À la Leaders Cup, avec seulement six pros, Boulogne-Levallois ne peut rivaliser face à l'Asvel en quart (65-72). « Cette période, ç'a été des mois compliqués », souffle Konaté.

À cette cascade de blessures s'est ajoutée la bagarre dans le vestiaire, le 2 avril à la mi-temps d'un match à

Monaco, entre Waters, dont l'égoïsme grêlait l'équipe, et Steeve Ho You Fat. Là encore, les Mets gardent le cap. Délestés de leur meneur titulaire devenu néfaste pour le groupe, ils font corps. Mieux, ils avancent collectivement et, régénérés par deux ajouts décisifs (le scoreur Barry Brown et l'intérieur touche-à-tout TaShawn Thomas), réussissent à conserver jusqu'au bout cette 2e place qu'ils occupaient depuis des mois. Un classement aussi inattendu en avant-saison que mérité au final. « Je me suis vraiment régalé à travailler avec ce groupe, en particulier les deux derniers mois », apprécie Collet.
En play-offs, portés par la Wembamania, les Mets assument leur statut contre Cholet (2-1), puis dominent le triple champion en titre, l'Asvel (3-1), s'ouvrant les portes de l'ultime série. « Cette finale est un grand bonheur pour nous, commente alors le coach. C'est l'équipe de Victor, mais pas seulement. » Les espoirs fous de cette jeune escouade iront se briser sur le rocher monégasque (0-3). La fin d'une aventure inoubliable. Une fois Wemby parti, comme Collet et 90% de l'équipe, Lahaou Konaté se retrouvait seul joueur des Mets début juillet, dans un club qui menaçait de déposer le bilan, avant de finalement reprendre place sur la ligne de départ en 2023-2024. Retour sur terre. Le rêve était passé. Mais il avait existé.

« C'est l'équipe de Victor, mais pas seulement. Je me suis vraiment régalé avec ce groupe. »

Vincent Collet

La stat

8 Vincent Collet a atteint sa 8e finale de championnat, avec un 4e club différent. Il présente un bilan de deux sacres pour six revers.

2006	Champion avec Le Mans (contre Nancy)
2009	Champion avec l'Asvel (contre Orléans)
2013	Finaliste avec Strasbourg (1-3 contre Nanterre)
2014	Finaliste avec Strasbourg (0-3 contre Limoges)
2015	Finaliste avec Strasbourg (1-3 contre Limoges)
2016	Finaliste avec Strasbourg (2-3 contre l'Asvel)
2017	Finaliste avec Strasbourg (2-3 contre Chalon-sur-Saône)
2022	Finaliste avec Boulogne-Levallois (0-3 contre Monaco)

Top / Flop

Hifi rigole

Il y a quatre ans, jugé trop petit et ingérable, ayant quitté le centre de formation de Lille, Nadir Hifi n'avait que l'équipe de N3 de Strasbourg pour s'entraîner encore. Le Portel lui a offert une nouvelle chance, qu'il a saisie avec sa hargne naturelle. Deux années lui ont suffi pour passer de meilleur marqueur en espoirs à sensation de Betclic Élite (6e scoreur avec 16,8 points). De quoi hisser l'ESSM à la 12e place et lui ouvrir les portes du Paris Basketball et de l'Eurocup, un contrat de trois ans à la clé. Le 31 mars, dans la victoire porteloise face à Paris, il avait claqué la meilleure performance de la saison : 44 d'évaluation (39 points, 8 rebonds, 6 passes) devant Victor Wembanyama (41). Prochaine étape : l'équipe de France.

Pau dégringole

Initialement condamné à la rétrogradation à l'été 2022, la faute à un déficit supérieur à 2 M€, gouffre créé par un groupe de propriétaires américains, l'Élan Béarnais avait dû son maintien, au buzzer, à la clémence des instances et au projet de reprise mené par Sébastien Ménard. Sauvé le 25 juillet 2022, le club a d'abord rebâti une équipe bancale avec sept pros confirmés seulement, fut un temps empêché de se renforcer, avant d'obtenir l'autorisation d'ajouter des forces vives. Les venues de C.J. Williams et Darel Poirier n'ont pas inversé la dynamique. Cet Élan-là boitait dès le départ, et n'a pu éviter l'avant-dernière place, synonyme d'une troisième relégation dans l'histoire du club nonuple champion de France, après 2009 et 2012. Les deux précédents avaient été suivis d'une remontée immédiate. Cette fois, la mission apparaît bien plus incertaine. Avant de penser à retrouver l'élite, l'Élan a une stabilité économique à reconstruire et la confiance des fans et partenaires à reconquérir.

Asvel, le coup de la panne

Le triple tenant du titre, vaincu en demi-finale du championnat et dernier de l'Euroligue, a connu une saison sans, malgré son succès en Leaders Cup.

En Euroligue, comme en championnat, l'Asvel a passé la saison à chercher des réponses.

C'est peut-être la loi des séries. Après celle, vertueuse, qui avait vu l'Asvel enchaîner trois titres (2019, 2021, 2022), exploit rarissime dans l'histoire de l'élite française, une autre spirale s'est déclenchée. Plus pernicieuse, elle a vu le club rhodanien, qui briguait le quadruplé, enchaîner les coups durs.

Tout a commencé, symboliquement, par la décision, en juin 2022, de Victor Wembanyama de renoncer à sa deuxième année de contrat avec le club de Tony Parker. Si cette absence n'explique pas tout de la saison 2022-2023 manquée par les hommes de TJ Parker, le départ de l'ailier-fort a laissé un trou béant dans la raquette villeurbannaise. Devenu numéro un de la draft après avoir écrasé l'élite avec Boulogne-Levallois lors d'un exercice individuel historique, Wemby s'est payé le luxe d'éliminer son ancien club en demi-finale des play-offs. De quoi obscurcir un peu plus encore une saison inaboutie.

L'affaire des contrats illicites

Les partenaires de Nando De Colo ont certes remporté leur deuxième Leaders Cup (83-74 face à Bourg), et atteint la finale de la Coupe de France. Mais lors de cette dernière, ils ont été fessés par Monaco (70-90). Leur campagne a été par ailleurs plombée par la blessure rapide de Joffrey Lauvergne et quelques erreurs de casting retentissantes (Parker Jackson-Cartwright, Anthony Polite), tandis que TJ Parker, sous contrat jusqu'en 2026 et dont la place n'est pour l'heure pas menacée, n'a jamais semblé en mesure de recréer l'osmose observée un an plus tôt.

Bonne dernière de l'Euroligue (8-26) après avoir lâché prise en deuxième partie de saison pour se concentrer sur le championnat, l'Asvel, où l'atmosphère était lourde en coulisse, a aussi été atteinte par des événements extra-sportifs. Il y eut le dossier des irrégularités des contrats de Joffrey Lauvergne et Nando De Colo, dont une grande partie de la rémunération était réalisée via des contrats à l'image selon des montages illégaux. Adossé à la société Smart Good Things, signataire de ces contrats et devenue actionnaire de l'Asvel, Tony Parker a également envisagé de revendre ses parts du club à SGT, provoquant la colère d'une partie de ses associés à l'Olympique Lyonnais. Un projet avorté qui a fait peser une chape de plomb sur l'organisation. « J'ai fait la promesse que je resterais majoritaire et président jusqu'en 2030 », a expliqué le président Tony Parker à *L'Équipe*, surexcité à l'aube d'une saison qui s'annonce plus réjouissante avec un budget et un effectif boostés par le nouveau partenaire maillot Skweek (22 millions d'euros). « En 2022-2023, par rapport à nos standards, bien sûr que l'on est déçus. Le truc qui m'a le plus dérangé, c'est cette impression que l'on n'y croyait pas. Il manquait cette foi qu'on avait en 2022. On a gagné un trophée, mais je ne veux pas qu'on se satisfasse de ça. On doit continuer à pousser la barre. Cela faisait longtemps qu'une nouvelle saison ne m'avait pas autant enthousiasmé. On va voir comment on va réagir, le caractère des joueurs, ce qu'on a dans le cœur. »

> **« On va voir ce qu'on a dans le cœur. »**
> **Tony Parker**

Palmarès

Les 10 derniers champions

2023 Lyon Asvel
2022 Bourges
2021 Basket Landes
2020 (Saison stoppée, Covid-19)
2019 Lyon Asvel
2018 Bourges
2017 Villeneuve-d'Ascq
2016 Lattes-Montpellier
2015 Bourges
2014 Lattes-Montpellier
2013 Bourges

Appétit de Lyon

Irrésistible en Eurocoupe et dominatrice en LFB, l'Asvel féminine a signé un doublé retentissant en développant un jeu chatoyant.

Tony Parker congratule Sandrine Gruda.

Alexia Chartereau a levé le poing, et dans les tribunes, 4 525 cœurs vibrants ont crié leur joie après ce 2+1 décisif lors de la belle face à Villeneuve-d'Ascq. Comme pour les autres grandes occasions, l'Asvel féminine avait quitté la salle Mado Bonnet et investi l'Astroballe pour cette finale LFB 2023. Les Lionnes, rugissantes, ont eu la peau de leurs adversaires (74-68). Au talent, à l'expérience. Deux caractéristiques qui collent à la peau de Sandrine Gruda (18 points et 10 passes au match 3). « On a beaucoup de joueuses d'expérience, elles sont venues pour gagner et on l'a fait ! », se réjouissait le président Tony Parker. « C'est la finale rêvée parce que tout le monde a eu son moment », savourait Chartereau. Ce titre de champion, le 2e du club après 2019, associé au sacre en Eurocoupe survenu quelques mois plus tôt, a validé le changement de cap opéré par le club à l'été 2022.
À l'époque, l'Asvel vient de se faire balayer par Bourges en finale LFB (0-3). Comme un symbole rappelant que l'élève était loin d'avoir rejoint le maître tango. L'Asvel décide alors de frapper les trois coups : elle rapatrie Sandrine Gruda, après quinze ans à l'étranger ; elle attire Gabby Williams ; sur le banc, elle remplace Pierre Vincent par David Gautier.

En Euroligue, s'étalonner face aux cadors

Ce dernier, à la tête d'une armada de noms (Julie Allemand, Marine Johannès...), parvient à créer un collectif, auteur d'une démonstration en finale d'Eurocoupe (+40 et +38 face à Galatasaray !). Quant au championnat, la 1re place du club rhodanien en saison régulière, ses séries gagnées face à Bourges puis Villeneuve-d'Ascq après avoir perdu le match inaugural, font dire à Rachid Méziane, le coach finaliste : « C'est une équipe qui a mérité son titre sur l'ensemble de la saison ».
À l'intersaison 2023, l'effectif a été reconduit à 80%, avec seulement deux retouches : de retour de prêt, Marine Fauthoux remplace l'Américaine Blake Dietrick ; Dominique Malonga envoyée en couveuse à Tarbes, Endy Miyem arrive dans la raquette. Ces deux recrues renforcent le surnom d'« équipe de France de Lyon », et surtout confirment les ambitions grandissantes du club. Qui, de retour en Eurolique, a envie de s'étalonner face aux cadors. Avant, à – court ? moyen ? – terme, d'en faire partie. C'est le plan de Tony Parker.

MVP

Burke, l'évidence

Finaliste malheureuse avec Villeneuve-d'Ascq, Kennedy Burke avait précédemment été élue MVP de la saison. Sans surprise, tant l'ailière américaine a éclaboussé le championnat de son talent dans tous les secteurs (16,8 points, 4,9 rebonds, 2,2 passes), sa classe et sa faculté à se fondre dans un collectif. Les autres trophées individuels sont revenus à Carla Leite (Tarbes, meilleure jeune) et David Gautier (Lyon, meilleur entraîneur).

Julie Allemand

Du burn-out au nirvana

Moins de deux ans après avoir fait un rejet du basket, la meneuse belge Julie Allemand (1,73 m, 27 ans) a plané sur 2023 : doublé avec l'Asvel, médaille d'or à l'Euro.

Longtemps, Julie Allemand a pensé que jamais le burn-out ne la guetterait, tant le basket, depuis ses quatre ans, est son premier amour. « Je me disais : on parle de passion, comment peux-tu arriver à la détester ? », se rappelle-t-elle. Puis sont arrivés ces jours de l'automne 2021, au retour d'un été marqué par deux défaites crève-cœur avec la Belgique (-1 face à la Serbie en demi-finale à l'Euro, -1 face au Japon en quarts des JO). À la reprise avec l'Asvel, la meneuse craque. « J'étais vidée. Trois, quatre jours d'affilée, j'arrivais à la salle, je pleurais. » Son club a l'intelligence de la laisser temporairement s'écarter des terrains. « J'ai raté deux matches, je n'arrivais même pas à les regarder. » Au changement d'année 2021-2022, la Belge révèle sur les réseaux sociaux avoir souffert d'un burn-out, affirmant en ressortir « grandie ». La suite lui a donné raison.
En 2022-2023, bien qu'un temps stoppée par une blessure aux ischios-jambiers, Allemand illumine la finale LFB (15 points et 8 passes au 2ᵉ match, 11 points et 9 passes lors de la belle), avant de guider la Belgique sur le toit de l'Europe, devenant meilleure passeuse de l'histoire d'un EuroBasket (8,7 par match). Mieux qu'une revanche, une ivresse : le plaisir du jeu est toujours là. Comme sa soif de victoire : « Je me rappelle les premières discussions avec Tony Parker. C'était : un jour, décrocher l'Euroligue. C'est ça que j'ai en tête. »

La stat

1 Julie Allemand est la seule joueuse ayant remporté les deux titres de champion de l'Asvel, en 2019 et 2023. Paoline Salagnac, sur le terrain en 2019, est désormais directrice sportive du club.

Lou Lopez Senechal

Globe-trotteuse

Excellente au sein de l'institution UConn, draftée en 5e position en WNBA et courtisée par les Bleues : découverte en trois points de l'ailière française (1,85 m, 25 ans).

Son enfance mexicano-franco-irlandaise
Lou Lopez Senechal a passé les cinq premières années de sa vie au Mexique, pays de son père, avant de rejoindre la France, celui de sa mère. Elle débute au club isérois de La Tronche/Meylan, où elle se développe onze saisons. À 19 ans, pour perfectionner son anglais, elle rejoint une académie irlandaise, où elle envoie lettres de motivation et vidéos de highlights à 280 universités américaines ! Fairfield est séduit : le début de son *American dream*.

Son rêve américain
Après quatre années de progression à Fairfield, elle tape dans l'œil de UConn, le programme le plus titré (11 fois) en NCAA au féminin. Attendue comme joueuse de rôle, la Franco-Mexicaine convainc le légendaire coach Geno Auriemma d'en faire une titulaire. Sa remarquable saison 2022-2023 (15,5 points à 44% à 3 points) la propulse dans une autre dimension : les Dallas Wings l'appellent en 5e position de la draft WNBA, la plus haute place pour une tricolore.

Son envie de maillot bleu
Lopez Senechal a reçu la visite de Jean-Aimé Toupane, le sélectionneur des Bleues, en mars. Éloignée des parquets par une opération du genou en mai, elle n'a pu figurer dans la pré-sélection pour l'Euro, mais le sélectionneur la suit de près. « Jouer en équipe de France, c'est quelque chose que j'aimerais réaliser », a-t-elle déclaré dans *L'Équipe*. « Je sais qu'il y a les JO l'été prochain. C'est le rêve pour n'importe quelle fille de jouer pour l'équipe nationale aux JO... »

Céline Dumerc

Cap's de fin

Après l'avoir repoussée à deux reprises, la meneuse a pris sa retraite en 2023, peu avant son 41e anniversaire. L'héritage laissé par cette icône du sport féminin est immense.

« Avoir pu marquer mon sport ainsi, c'est fou. »

Emmanuelle Bnuenameu-Simo aurait pu arrêter Céline Dumerc, mais elle ne l'a pas fait. La jeune joueuse de Bourges a laissé la meneuse de Basket Landes inscrire un panier, son dernier, avant de quitter le terrain sous les ovations. Ce 6 mai 2023, l'histoire s'arrêtait sur une défaite en play-offs au Prado, là où « Cap's » a écrit certaines des plus belles lignes de son immense carrière. Adversaires, coéquipiers, dirigeants, l'enlacèrent.
Cette fois, c'était bel et bien fini. Au printemps 2020, Dumerc annonçait qu'elle livrerait sa dernière campagne en 2020-2021. La pandémie et ses matchs dans la tristesse des huis-clos, tout comme ses performances personnelles et la belle histoire de Basket Landes ont repoussé l'échéance. Une fois, deux fois. Le temps de gagner un septième championnat, en 2021, et ses sixième et septième Coupes de France, en 2022 et 2023.
Au-delà des trophées, parmi les plus grands accomplissements de l'histoire du basket tricolore, notamment le plus grand nombre de sélections en équipe de France, garçons et filles confondus, avec 262. Un palmarès de géant pour une femme restée la même depuis le début de son voyage professionnel entamé à Tarbes en 2000 : même devenue une « Braqueuse », au plus fort de sa médiatisation, dépassant largement les lignes du parquet, elle a su demeurer Céline, simplement Céline.
« Avoir pu marquer mon sport, c'est fou. Moi, je ne l'ai pas fait pour ça. Je ne l'ai pas fait pour ça », insistait au soir de sa retraite celle qui est désormais directrice sportive de Basket Landes et manager générale des Bleues. Avant que les larmes ne l'emportent, elle ajoutait une dernière phrase : « Je me suis juste fait plaisir. »

La stat

23

Le nombre de saisons professionnelles disputées par Céline Dumerc, notamment à Bourges (2003-2009 et 2011-2016), lors desquelles elle a cumulé sept titres de championne de France (2006, 2008, 2009, 2012, 2013, 2015, 2021) et sept Coupes de France (2005, 2006, 2008, 2009, 2014, 2022 et 2023), ainsi qu'une Eurocoupe (2016). MVP en 2008 et 2014, Dumerc, également médaillée d'or à l'Euro 2009 et d'argent olympique à Londres en 2012, achève sa carrière meilleure marqueuse de l'histoire de la Ligue féminine avec 4 662 points inscrits.

Le retour du phénix

Trente ans après sa rétrogradation en N4, le SQBB, devenu terrain d'expression des jeunes talents français, a retrouvé l'élite. Une belle histoire.

La stat

100%

Mathis Dossou-Yovo MVP, Melvin Ajinça meilleur jeune et Julien Mahé meilleur entraîneur : le SQBB a raflé tous les trophées individuels. C'est la deuxième fois qu'un club réalise le triplé après... Saint-Quentin, déjà, en 2021 (Parker Jackson-Cartwright MVP, Hugo Besson meilleur jeune et Julien Mahé meilleur coach).

Ce soir-là, le 12 mai, le SQBB n'a pas joué devant un, mais deux publics. Ils étaient 3 500 cœurs vibrants dans le palais des sports Pierre-Ratte, et près de 2 000 à l'extérieur, devant un écran géant. Et à peine Saint-Quentin (où est né Rudy Gobert) avait-il composté son billet pour l'élite en dominant Angers que ces deux masses se sont unies, devant la salle, pour former une marée humaine. « Le public a clairement renversé des matches », assure Julien Mahé, l'entraîneur d'un groupe qui a remporté 16 de ses 17 parties à domicile : meilleur bilan de Pro B depuis dix ans. Au-delà de la remontée, les Saint-Quentinois peuvent fêter une résurrection. Voici le SQBB de retour au plus haut niveau, 30 ans après sa rétrogradation en N4. Le phénix, logo du club, prend tout son sens.

C'est Laurent Prache, devenu président en 2018 pour sauver une institution alors à l'agonie en N1, qui en avait eu l'idée. Il est l'architecte du projet, et Mahé celui du terrain, ayant enchaîné trois podiums d'affilée en Pro B avec un petit budget. Sa méthode : mettre des jeunes Français sur le parquet (Hugo Besson, Melvin Ajinça, Mathis Dossou-Yovo...). Dans l'élite, qu'importe que le défi du maintien soit de taille, Prache conserve sa philosophie : « Faire des choses extraordinaires avec des moyens ordinaires. » C'est qu'ici, dans la chaleur de Pierre-Ratte, vole un phénix.

L'Élan retrouvé

Deux ans après sa descente, Chalon-sur-Saône est remonté dans l'élite, porté notamment par le poignet et la rage d'Antoine Eïto.

Plus de 10 000 : les demandes de tickets pour assister à la belle de la finale des play-offs d'accession, à peine l'Élan avait-il ouvert la billetterie. Le club bourguignon aurait facilement pu remplir deux fois son Colisée (5 000 places). Les remous des années suivant le titre de champion de France 2017 n'ont pas changé l'ADN de la cité bourguignonne : Chalon-sur-Saône, ville basket. Qui, après avoir connu l'Euroligue, s'est prise au jeu de cette mission remontée, enclenchée en 2021.

Eïto meneur gladiateur

Après une première saison d'apprentissage à la dure en Pro B, le club a fait appel à l'été 2022 à Savo Vucevic. La division et les opérations commandos, le coach connaît bien ; avec l'Élan, il a obtenu sa... 6e accession en carrière ! La décrocher a cependant nécessité une vaste débauche d'énergie. 2e de la saison derrière Saint-Quentin au point-average (25-9), l'Élan a dû se lancer dans de périlleux play-offs. En quart, il était mené dans la belle contre Angers. En finale, il a laissé filer le premier match, à domicile, face au Champagne Basket. Mais a su renverser chaque situation en suivant son guide : Antoine Eïto. Après la fin de saison prématurée du capitaine Mickaël Gelabale (victime d'un AVC), le gaucher s'est mué en leader magnifique (18,5 d'évaluation en play-offs). « Je sentais l'odeur du sang », déclarait-il, carnassier. Et dans la ferveur du Colisée, le meneur redevenu gladiateur a replacé l'Élan à la table des grands.

Les résultats

NBA

CONFÉRENCE EST

	Équipe	V	D
1.	Milwaukee Bucks	58	24
2.	Boston Celtics	57	25
3.	Philadelphia 76ers	54	28
4.	Cleveland Cavaliers	51	31
5.	New York Knicks	47	35
6.	Brooklyn Nets	45	37
7.	Atlanta Hawks	41	41
8.	Miami Heat	44	38
9.	Chicago Bulls	40	42
10.	Toronto Raptors	41	41
11.	Indiana Pacers	35	47
12.	Washington Wizards	35	47
13.	Orlando Magic	34	48
14.	Charlotte Hornets	27	55
15.	Detroit Pistons	17	65

CONFÉRENCE OUEST

	Équipe	V	D
1.	Denver Nuggets	53	29
2.	Memphis Grizzlies	51	31
3.	Sacramento Kings	48	34
4.	Phoenix Suns	45	37
5.	Los Angeles Clippers	44	38
6.	Golden State Warriors	44	38
7.	Los Angeles Lakers	43	39
8.	Minnesota Timberwolves	42	40
9.	Oklahoma City Thunder	40	42
10.	New Orleans Pelicans	42	40
11.	Dallas Mavericks	38	44
12.	Utah Jazz	37	45
13.	Portland Trail Blazers	33	49
14.	Houston Rockets	22	60
15.	San Antonio Spurs	22	60

PLAY-OFFS
PREMIER TOUR

EST	OUEST
Miami bat Milwaukee : 4-1	Denver bat Minnesota : 4-1
New York bat Cleveland : 4-1	Phoenix bat L.A. Clippers : 4-1
Philadelphie bat Brooklyn : 4-0	Golden State bat Sacramento : 4-3
Boston bat Atlanta : 4-2	L.A. Lakers bat Memphis : 4-2

DEMI-FINALES DE CONFÉRENCE

EST	OUEST
Miami bat New York : 4-2	Denver bat Phoenix : 4-2
Boston bat Philadelphie : 4-3	L.A. Lakers bat Golden State : 4-2

FINALES DE CONFÉRENCE

EST	OUEST
Miami bat Boston : 4-3	Denver bat L.A. Lakers : 4-0

FINALE
Denver bat Miami : 4-1 (MVP : Nikola Jokic)

MVP DE LA SAISON RÉGULIÈRE
Joel Embiid (Philadelphie)

TOP STATS
POINTS

	Joueur	Équipe	Pts
1.	Joel Embiid	Philadelphie	33,1
2.	Luka Doncic	Dallas	32,4
3.	Damian Lillard	Portland	32,2
4.	Shai Gilgeous-Alexander	Oklahoma City	31,4
5.	Giannis Antetokounmpo	Milwaukee	31,1

REBONDS

	Joueur	Équipe	Rbds
1.	Anthony Davis	L.A. Lakers	12,5
2.	Domantas Sabonis	Sacramento	12,2
3.	Nikola Jokic	Denver	11,8
4.	Giannis Antetokounmpo	Milwaukee	11,8
5.	Rudy Gobert	Minnesota	11,6

PASSES

	Joueur	Équipe	Pds
1.	James Harden	Philadelphie	10,7
2.	Tyrese Haliburton	Indiana	10,4
3.	Trae Young	Atlanta	10,2
4.	Nikola Jokic	Denver	9,8
5.	Chris Paul	Phoenix	8,9

COUPE DU MONDE 2023

TABLEAU FINAL
QUARTS DE FINALE
États-Unis bat Italie : 100-63
Allemagne bat Lettonie : 81-79
Serbie bat Lituanie : 87-68
Canada bat Slovénie : 100-89

DEMI-FINALES
Allemagne bat États-Unis : 113-111
Serbie bat Canada : 95-86

FINALE
Allemagne bat Serbie : 83-77

BRONZE
Canada bat États-Unis : 127-118

LE PARCOURS DES BLEUS (18es)
1er tour : Canada bat France : 95-65
1er tour : Lettonie bat France : 88-86
1er tour : France bat Liban : 85-79
Classement : France bat Iran : 82-55
Classement : France bat Côte d'Ivoire : 87-77

STATISTIQUES DES BLEUS

Joueur	MJ	Min	%Tirs	Rbds	Pds	Pts
Evan Fournier	5	23	42,9	3,2	1,4	13,8
Rudy Gobert	4	24	66,7	8,3	1,3	10,8
Guerschon Yabusele	5	23	57,6	3,2	2,0	10,8
Nando De Colo	5	22	45,5	3,4	4,6	8,4
Sylvain Francisco	5	18	46,7	1,6	3,2	8,0
Mathias Lessort	2	17	87,5	5,5	0,5	8,0
Élie Okobo	5	17	48,1	1,8	2,6	7,2
Isaïa Cordinier	5	15	52,2	3,0	2,8	7,4
Nicolas Batum	5	24	40,7	3,4	2,0	6,2
Yakuba Ouattara	4	11	46,7	1,3	0,5	4,3
Terry Tarpey	5	15	40,0	2,8	1,0	2,4
Moustapha Fall	4	12	57,1	1,5	1,0	2,0

EUROPE

EUROLIGUE
FINALE
Real Madrid bat Olympiakos : 79-78

EUROCOUPE
FINALE
Gran Canaria bat Ankara : 71-67

BASKETBALL CHAMPIONS LEAGUE
FINALE
Bonn bat Hapoël Jérusalem : 77-70

FIBA EUROPE CUP
FINALE
Wloclawek bat Cholet : 2-0

EUROLIGUE FÉMININE
FINALE
Fenerbahçe Istanbul bat Mersin : 99-60

EUROCOUPE FÉMININE
FINALE
Lyon Asvel bat Galatasaray Istanbul : 2-0

FRANCE

COUPES DE FRANCE

COUPE DE FRANCE MASCULINE
AS Monaco Basket bat Asvel : 90-70

COUPE DE FRANCE FÉMININE
Basket Landes bat Asvel : 71-64

BETCLIC ÉLITE

CLASSEMENT SAISON RÉGULIÈRE

Équipe	V	D
1. Monaco	26	8
2. Boulogne-Levallois	23	11
3. Lyon-Villeurbanne	22	11 (*)
4. Dijon	21	13
5. Bourg-en-Bresse	19	15
6. Le Mans	19	15
7. Cholet	18	16
8. Strasbourg	17	17
9. Paris	16	18
10. Gravelines-Dunkerque	16	18
11. Roanne	15	19
12. Le Portel	15	19
13. Nanterre	14	20
14. Nancy	14	20
15. Limoges	14	20
16. Blois	14	20
17. Pau-Lacq-Orthez	12	22
18. Fos-sur-Mer	10	24

Pau-Lacq-Orthez et Fos-sur-Mer relégués en Pro B.
(*) L'Asvel pénalisée du retrait d'une victoire pour l'irrégularité de certains contrats joueurs dans ses comptes

PLAY-OFFS
QUARTS DE FINALE
Monaco bat Strasbourg : 2-0
Bourg-en-Bresse bat Dijon : 2-0
Boulogne-Levallois bat Cholet : 2-1
Lyon-Villeurbanne bat Le Mans : 2-0

DEMI-FINALES
Monaco bat Bourg-en-Bresse : 3-0
Boulogne-Levallois bat Lyon-Villeurbanne : 3-1

FINALE
Monaco bat Boulogne-Levallois : 3-0 (MVP : Jordan Loyd)

MVP DE LA SAISON RÉGULIÈRE
Victor Wembanyama (Boulogne-Levallois)

TOP STATS
POINTS

	Joueur	Équipe	Pts
1.	Victor Wembanyama	Boulogne-Levallois	21,6
2.	Ronald March	Roanne	21,4
3.	Matt Morgan	Le Mans	20,7
4.	Marcus Keene	Strasbourg	20,2
5.	Markis McDuffie	Dijon	17,0

REBONDS

	Joueur	Équipe	Rbds
1.	Victor Wembanyama	Boulogne-Levallois	10,4
2.	Allan Dokossi	Fos-sur-Mer	9,1
3.	Ismaël Kamagaté	Paris	7,5
4.	Shevon Thompson	Fos-sur-Mer	7,4
5.	Miralem Halilovic	Nanterre	7,4

PASSES

	Joueur	Équipe	Pds
1.	Stefan Moody	Roanne	7,2
2.	Justin Robinson	Gravelines-Dunkerque	6,7
3.	Michael Stockton	Pau-Lacq-Orthez	6,6
4.	Tyrone Wallace	Paris	6,0
5.	David Holston	Dijon	6,0

PRO B

CLASSEMENT SAISON RÉGULIÈRE

Équipe	V	D
1. Saint-Quentin	25	9
2. Chalon-sur-Saône	25	9
3. Châlons-Reims	22	12
4. Lille	21	13
5. Boulazac	21	13
6. Antibes	20	14
7. Orléans	18	16
8. Vichy-Clermont	17	17
9. Gries-Souffel	17	17
10. Évreux	17	17
11. Angers	16	18
12. La Rochelle	15	19
13. Saint-Chamond	14	20
14. Denain	13	21
15. Aix-Maurienne	12	22
16. Nantes	12	22
17. Quimper	12	22
18. Saint-Vallier	9	25

Saint-Quentin (champion) et Chalon-sur-Saône (vainqueur des play-offs) accèdent à la Betclic Élite. Quimper et Saint-Vallier relégués en N1.

MVP
Mathis Dossou-Yovo (Saint-Quentin)

LIGUE FÉMININE

CLASSEMENT SAISON RÉGULIÈRE

Équipe	V	D
1. Lyon Asvel	18	4
2. Villeneuve-d'Ascq	18	4
3. Lattes-Montpellier	17	5
4. Bourges	16	6
5. Basket Landes	11	11
6. Roche Vendée	9	13
7. Angers	9	13
8. Charleville-Mézières	9	13
9. Tarbes	8	14
10. Saint-Amand	8	14
11. Toulouse	6	16
12. Landerneau	3	19

Toulouse relégué en L2 à l'issue des play-downs.

PLAY-OFFS
QUARTS DE FINALE
Lyon Asvel bat Charleville-Mézières : 2-0
Bourges bat Basket Landes : 1-0 (match nul et +27)
Villeneuve-d'Ascq bat Angers : 2-0
Lattes-Montpellier bat Roche Vendée : 1-1 (+2)

DEMI-FINALES
Lyon Asvel bat Bourges : 1-1 (+7)
Villeneuve-d'Ascq bat Lattes-Montpellier : 2-0

FINALE
Lyon Asvel bat Villeneuve-d'Ascq : 2-1

MVP
Kennedy Burke (Villeneuve-d'Ascq)

CHAMPIONNAT D'EUROPE FÉMININ 2023

TABLEAU FINAL
QUARTS DE FINALE
Espagne bat Allemagne : 67-42
Hongrie bar République tchèque : 62-61
Belgique bat Serbie : 93-53
France bat Monténégro : 89-46

DEMI-FINALES
Espagne bat Hongrie : 69-60
Belgique bat France : 67-63

FINALE
Belgique bat Espagne : 64-58

BRONZE
France bat Hongrie : 82-68

LE PARCOURS DES BLEUES (3es)
Poule : France bat Allemagne : 58-50
Poule : France bat Grande-Bretagne : 63-57
Poule : France bat Slovénie : 73-68
Quart : France bat Monténégro : 89-46
Demie : Belgique bat France : 67-63
Bronze : France bat Hongrie : 82-68

STATISTIQUES DES BLEUES

Joueur	MJ	Min	%Tirs	Rbds	Pds	Pts
Sandrine Gruda	6	23	49,1	4,3	1,3	10,2
Marième Badiane	6	18	64,1	4,5	1,2	9,0
Mamignan Touré	6	20	50,0	1,0	1,7	8,7
Alexia Chartereau	6	21	48,9	3,0	2,5	8,5
Valériane Vukosavljevic	6	23	34,2	3,3	2,7	7,5
Iliana Rupert	4	14	52,2	2,8	1,0	6,5
Janelle Salaün	6	19	52,0	3,2	0,5	6,3
Marine Fauthoux	6	19	33,3	2,3	3,2	5,7
Sarah Michel	6	17	37,5	2,5	3,7	4,8
Leïla Lacan	5	9	66,7	0,6	1,6	3,6
Romane Bernies	6	18	31,8	2,2	2,5	3,0
Marie-Paule Foppossi	5	6	25,0	0,4	0,4	0,4

Crédits photographiques

1re de couverture : Presse Sports
4e de couverture : Presse Sports

Toutes les photographies de l'intérieur proviennent de Presse Sports sauf :

Pages 21, 31, 97, 106, 107 et 115 : © Icon Sport
Pages 19 et 28 : © Panoramic

Pages 22-23 : Photos DR
Pages 24-25 : © Kévin Couliau
Pages 58 et 59 : Photos FIBA
Pages 88 et 89 : © Yann Ohnona
Pages 98 et 99 : Photos VTB League
Page 121 : Photo UConn Athletics
Page 124 : Photo Westcoo, SQBB
Page 125 : Photo Enzo Geoffray / Élan Chalon